शहीद-ए-वतन

अशफाक उल्ला खाँ

शहीद-ए-वतन
अशफाक उल्ला खाँ

एम.आई. राजस्वी

चिल्ड्रन बुक टेंपल
दिल्ली

प्रकाशक : **चिल्ड्रन बुक टेंपल**
सी–55, गणेश नगर, पांडव नगर, दिल्ली–110092
सर्वाधिकार : सुरक्षित / संस्करण : 2025 / मूल्य : तीन सौ रुपए
मुद्रक : नरुला प्रिंटर्स, दिल्ली ISBN 978-81-89573-61-4

SHAHEED-E-VATAN ASHFAQ ULLAH KHAN
by M.I. Rajasvi ₹ 300.00
Published by **CHILDREN BOOK TEMPLE**
C-55, Ganesh Nagar, Pandav Nagar, Delhi-110092

भारतमाता की स्वतंत्रता के लिए समर्पित

सन् 1857 के प्रथम स्वतंत्रता संग्राम में अंग्रेजों द्वारा भारतीय इतिहास की सबसे बड़ी क्रांति को जिस प्रकार दबाया गया, उससे यह सुनिश्चित हो गया था कि भारतीय अब शांत बैठनेवाले नहीं हैं। यद्यपि इसके बाद देश भर में स्वतंत्रता आंदोलन में कुछ समय के लिए ठहराव की स्थिति पैदा हो गई थी, लेकिन यह स्थिति हमेशा के लिए नहीं बनी रह सकती थी। उस समय देशवासियों के दिलों में ज्वालामुखी का लावा जमा होता रहा। आखिर इस लावे को एक दिन तो फूटना ही था।

लगभग चार दशक के बाद देश में ऐसे देशभक्त क्रांतिकारियों का उदय हुआ, जिन्होंने अंग्रेजों के विरुद्ध पुनः विद्रोह का बिगुल बजा दिया। इन क्रांतिकारियों में अमर शहीद अशफाक उल्ला खाँ का नाम विशेष रूप से उल्लेखनीय है। वे सशस्त्र क्रांति के घोर समर्थकों में से एक थे।

जिस समय अशफाक उल्ला का जन्म हुआ, अंग्रेज अपनी दमनकारी-अत्याचारी नीतियों का सहारा लेकर लोगों पर तरह-तरह के जुल्म ढा रहे थे। बचपन से ही अशफाक ने अंग्रेजों के अत्याचारों को बहुत निकट से देखा था। उनका मन यह देखकर दु:खी हो उठता था कि देशवासियों पर अत्याचार करनेवाले अंग्रेजों का साथ अपने ही देश के कुछ स्वार्थी, विश्वासघाती और मतलबपरस्त लोग दे रहे थे। अपने दर्दे-दिल को बयाँ करते हुए उन्होंने लिखा है—

सुनाएँ गम की किसे कहानी, हमें तो अपने सता रहे हैं,
हमेशा सुबहो-शाम दिल पर, सितम के खंजर चला रहे हैं।
न कोई इंगलिश, न कोई जर्मन, न कोई रशियन, न कोई टर्की,
मिटाने वाले हैं अपने हिंदी, जो अब हमको मिटा रहे हैं।
कहाँ गया कोहेनूर हीरा, किधर गई हाय मेरी दौलत,
वह सबका-सब लूट करके, हमीं को डाकू बता रहे हैं।

अशफाक उल्ला देशहित को सर्वोपरि मानते थे। देश की स्वतंत्रता उनका प्रथम उद्‍देश्य था। धर्म-संप्रदाय के झगड़ों को वे निरर्थक मानते थे। इस संबंध में उनका स्पष्ट कहना था—

"भारतीय भाइयो, आप कोई हों, चाहे जिस धर्म या संप्रदाय के अनुयायी हों, परंतु आप देशहित में एक होकर योग दीजिए। आप लोग व्यर्थ में लड़-झगड़ रहे हैं। सब धर्म एक हैं, रास्ते चाहे भिन्न-भिन्न हों, परंतु लक्ष्य सबका एक ही है, फिर यह झगड़ा-बखेड़ा क्यों? हम मरनेवाले काकोरी के अभियुक्तों के लिए आप लोग एक हो जाइए और सब मिलकर नौकरशाही का मुकाबला कीजिए। यह सोचकर कि सात करोड़ मुसलमान भारतवासियों में मैं सबसे पहला मुसलमान हूँ, जो भारतमाता की स्वतंत्रता के लिए फाँसी पर चढ़ रहा हूँ; मैं मन-ही-मन अभिमान का अनुभव कर रहा हूँ, किंतु मैं यह विश्वास दिलाना चाहता हूँ कि मैं हत्यारा नहीं हूँ, जैसाकि मुझे साबित किया गया है।"

प्रस्तुत पुस्तक लिखने का उद्‍देश्य तत्कालीन भारत की स्थिति, अंग्रेजों के शोषण और देशभक्त क्रांतिकारियों की मनोदशा प्रकट करना है, ताकि वर्तमान पीढ़ी में भी देशभक्ति की भावनाओं का संचार हो सके।

पुस्तक के लेखन में अमर क्रांतिकारी शहीद पं. रामप्रसाद 'बिस्मिल' की आत्मकथा, अशफाक उल्ला खाँ के खतो-किताबत, मजमून और अशआर के अलावा भारतीय इतिहास की विभिन्न पुस्तकों से सहायता ली गई है। क्रांतिकारियों की जीवनियाँ और उनके वक्तव्यों से बहुत सहयोग मिला है। इन सबका और इनके अलावा भी जिसमें किसी की पुस्तक, प्रकाशन या व्यक्ति का कम या अधिक सहयोग मिला है, मैं उनका अत्यंत आभारी हूँ।

यह पुस्तक गहन अध्ययन और मनन के बाद ही लिखी गई है, किसी की भावनाओं को ठेस पहुँचाना हमारा मकसद नहीं है, तथापि यदि कोई विरोधाभास अथवा त्रुटि दृष्टिगत हो तो इ-मेल अथवा पत्र द्वारा सूचित करने की कृपा करें।

हमें विश्वास है कि 'शहीद-ए-वतन' का यह जीवनवृत्त देशवासियों के दिलों में देशभक्ति की प्रेरणा, पारस्परिक प्रेम, सद्भावना एवं सहयोग भाव जगाने में अवश्य सफल होगा।

—एम.आई. राजस्वी

अनुक्रम

जन्म एवं शिक्षा

जब शिशु अशफाक उल्ला ने अपनी आँखें खोलीं, उस समय देश अंग्रेजों की अत्याचारी एवं दमनकारी नीतियों से त्रस्त था। 1857 में विद्रोह की जो आग भड़की थी, उसे अंग्रेजों ने जुल्म का दमनचक्र चलाकर बुझा दिया था। देशवासियों के दिलों में शेष रह गया था अशांति का दर्द-ओ-गुबार।

दिनोदिन भारत की निरीह व निर्दोष जनता पर अंग्रेजों के अत्याचार बढ़ते जा रहे थे। चारों ओर अंग्रेजों का दमनचक्र जारी था। जो कोई भी उनके खिलाफ आवाज उठाता, उसे या तो जेल की काल कोठरी में बंद कर दिया जाता था या फिर फाँसी के तख्ते पर लटका दिया जाता था।

इससे विद्रोह की ज्वाला शांत होने के बजाय और भड़कने लगी। सशस्त्र क्रांति की आवाज गूँजने लगी। अंग्रेजों को भगाने के लिए देश के कोने-कोने से क्रांतिकारी उठ खड़े हुए। इन्हीं क्रांतिकारियों में अशफाक उल्ला खाँ का नाम भी प्रमुख है, जिन्होंने देश की स्वतंत्रता के लिए अपना सर्वस्व बलिदान कर दिया।

क्रांतिकारी अशफाक उल्ला खाँ के पूर्वजों के बारे में माना जाता है कि वे अफगानिस्तान के रहनेवाले थे, जो बाद में उत्तर प्रदेश के शाहजहाँपुर में रहने लगे थे। अपनी खानदानी हालत को बयान करते हुए अशफाक उल्ला खाँ ने लिखा है—

> "अहदे शाहजहाँ बादशाह मेरे मूरिसे आलाखान नजर मुहम्मद खाँ दाऊदजई, पठान कबाइल नवाए पेशावर, गुलबैले से शाहजहाँपुर में मय दीगर कबाइल के आकर आबाद हुए, जो इस वक्त खानदाने कदनखेल के नाम से पुकारा जाता है और मेरा ननिहाल कौम खलील खानदान हाफिजखेल के नाम से जाना जाता है। ये दोनों खानदान अपनी शराफत और खरेपन के लिए

मशहूर हैं और इनमें आपस में खूब शादी-ब्याह हुआ करते हैं। मेरा ददिहाल या कदनखेल गवर्नमेंट की नजर में कुछ ऐसा बावकत (इज्जतदार) नहीं है। ख्वाह (संभवत:) कभी हुआ हो, मगर सन् 1857 के विद्रोह के बाद से उनका कोई रसूख नहीं रहा।

मैंने सेंट्रल जेल, लखनऊ में एक किताब अंग्रेजी में पढ़ी थी, जो मुझे इत्तफाकन मिल गई थी, जिसका न शुरू था और न आखिर, जो मैं उसका नाम लिखता; मगर हाँ, मुझे उससे यह जरूर मालूम हो गया कि ददिहाल ने क्या किया और मेरे ननिहाल के क्या कारनामे हैं। गरज कि पहले मैं ददिहाल का ही जिक्र करूँगा। जब ये शाहजहाँपुर में आकर ही आबाद हुए, यहाँ की बस्ती गूजरों की थी। मुसलमानों के तहत व तसर्रूफ (अधिकार) में आई इन तमाम के देहात पर अफगानों का कब्जा हो गया।

इसी तरह हमारे खानदान के लोगों को मवाजिआत (गाँव) मिले और हमारे मूरिसे आला ने मवाजिआत खरीद लिये और यहाँ चैन से रह-बस गए, मगर न इन्होंने तरक्की की कोशिश की और न नामो-नमूद (शोहरत) की ख्वाहिश। बस, बेफिक्र व आरामतलब बने रहे। आज यह हाल है कि एक भी शख्स ग्रेजुएट पैदा न कर सके। न तो माली हालत सुधारी और न तरक्की हासिल की। इल्म से इन्हें नफरत, हाथ-पैर हिलाने से इन्हें दुश्मनी और अंग्रेजी पढ़ने को ये एक बड़ा कुफ्र समझते रहे। खुदा-खुदा करके खानदान में चंद अफराह (लोग) पैदा हुए। खुदा उनकी रूहों को जन्नत में जगह दे। उन्होंने अपने बच्चों को स्कूल में दाखिल कराया, मगर वे जरासीम (कीटाणु), जो फिजाए-खानदान मौजूद थे, वे लोग जो एक अंग्रेजी तालिबे-इल्म को एक दिन स्कूल जाने से बाज रखने से जन्नत की कुंजी हासिल करने का हकदार समझते थे; उनके पीछे इतनी बुरी तरह से पड़ते थे कि स्कूल जाने से उन्हें बाज रखते थे।

गरज कि कसरत (बहुमत) की हमेशा फतेह (जीत) है और किल्लत की शिकस्त। यों ये गरीब भी उनका निशाना बन गए और एंट्रेंस भी पास न कर सके। चुनाँचे मुझे भी इसी दौर से गुजरना पड़ा। मुझे निहायत गम और अफसोस होता है, जब मैं अपनी तालीम की तरफ गौर करता हूँ। इसमें मैं ही खतावार हूँ, मेरे सरपरस्त बिलकुल भी नहीं; क्योंकि वे गरीब तरीके-तालीम से वाकिफ ही न थे। यूँ मैं बड़ा हट्टा-कट्टा पहलवान हो गया, जब अंग्रेजी पढ़ने का शौक हुआ। खैर, खुदा का शुक्र है कि उर्दू-फारसी ही पढ़ा दी थी;

जो आज मैं उर्दू में अपनी जिंदगी पर नोट लिख रहा हूँ। सच पूछिए तो तालीम का वही पुराना रवैया अब तक हमारे यहाँ चला आ रहा है कि मौलवी साहब 20-30 लड़कों को लिये हुए उर्दू की तालीम दे रहे हैं और डंडा बरसा रहे हैं। मगर अब वह जमाने के साथ बदलता जा रहा है और मौलवी साहब बेचारे अनका (खत्म) हो रहे हैं। अब या तो मुदर्रिस साहब हैं या मास्टर साहब, और अब लोगों को अंग्रेजी तालीम की जरूरत महसूस होने लगी है।

अंधों में काने राजा मसल मशहूर है। खानदान भर के तार वगैरह मुझसे पढ़ाए जाते थे। मेरे बाद की औलाद तो अपने उसी पुराने रवैए पर चलने से अपने को सपूत होने का दावेदार समझती हैं, जिसका मुझे गम है। मगर हाँ, उसके बाद की नस्ल उम्मीद-अफजा (आशाप्रद) हालत में परवरिश पा रही है। जो उम्मीदों का मावा व मलजा (पनाह की जगह) है।

ये लोग जिस तरह अपनी माली हालत और खानदानी इम्तीआजात दरियावुर्द (जल-प्रवाहित) कर चुके हैं, उसी तरह अपनी ताकत व कुव्वत पर जोशो-खरोश को भी अलविदा कह चुके हैं। इन लोगों को महज तकदीर पर शाकिर रहना और गुजिश्ता अफसाने (पिछली कहानियाँ) ही दोहराना—बस एक काम रह गया है। मुझे फिर उसी किताब का हवाला देना पड़ता है कि जिस तरह विद्रोह के पहले और बाद में मेरे खानदान में किस्सागोई जिन्नात के बारे में हुआ करती थी, वैसी ही मेरे जमाने तक थी और वह अब तक है। ये लोग किस्मत पर इतना भरोसा किए हुए हैं कि दुनियावी अमूर में कोशिश करना गुनाहेअजीम समझते हैं। इसका मुझे जितना दुःख है, वह बयान से बाहर है और मैं उम्मीद करता हूँ कि अब मौजूदा नस्ल और आनेवाली नस्ल अपने को फख्रे-खानदान बनाएगी और तालीम व तरक्की की आला मैराज पर पहुँचने की कोशिश करेगी। अगर मैं जिंदा रहूँगा तो मुझको, वरना मेरी रूह को खुश करेगी। मगर हाँ, जहाँ सब बुराइयाँ हैं, वहाँ इनकी स्प्रिट काबिले तारीफ है। गो कि बाज घरों में पस्तहिम्मती और अपने को नाकारा समझना इनकी जिंदगी का जुजेआजम (खानदान का गौरव) बन गया है। मेरी रगों में वह खून था, जो मुझे आज फाँसी की कोठरी में बंद कराए हुए है और मैं इस पर खुश हूँ। बाज औकात मुझे ताज्जुब होता है कि मैं ऐसे खानदान से ताल्लुक रखनेवाला कैसे निकला। यह तो मेरे बाप के खानदान के हालात हैं, जिस पर आखिर में मुझे यह कहना पड़ता है कि खुदाया इन्हें दीद-ए-बीना (बुलंदी) दे और औलादों को जब तक इन्हें बुजुर्ग ऐश-व-इशरत

तथा सुस्ती व काहिली के देवता को पूजते रहे, नाफरमान बनाए रखे, ताकि कुछ अपना, वतन का और कौम का भला कर सकें।

दूसरी ओर मेरी ननिहाल या मेरी माँ के खानदान के हालात अच्छे हैं। आजादी की पहली लड़ाई (1857 ई.) से लेकर इस वक्त तक वे सरकारी ओहदों पर चले आते हैं और लड़ाई के बाद से तो सरकार की नाक के बाल हो गए हैं। मेरी माँ के दादा और उनके भाई सब जज और डिप्टी-कलेक्टर थे। जब लड़ाई शुरू हुई, तो न उन्होंने मुल्क का साथ दिया और न नवाब साहब का, बल्कि जासूसी का काम किया। यह मुझे जेल की किताब से मालूम हुआ और कुछ मैंने सुना; मुझे यह लिखते हुए अब शर्म नहीं आती। हाँ, केस से कब्ल अगर मुझे जरूरत महसूस होती, तो हरगिज भी न लिखता, क्योंकि जहाँ तक मेरा ताल्लुक है, मैं इसे बायसे सदनंग (बेइज्जती का कारण) मानता हूँ कि जब मुल्क के लोगों में एहसासे-आजादी पैदा हो और वे अपना खून मिस्ल पानी के बहाएँ, अपने बच्चों की कुर्बानी कुर्बानगाहे-वतन पर चढ़ाएँ, अपनी दौलत, आबरू, मकान, गरज कि हर शय हँसी-खुशी के साथ आजादी और महज आजादी-ए-मजहब के लिए निसार कर दें, फिर उनके साथ फरेब करना, उनके खिलाफ साजिश करना, उनकी स्कीमों को तहस-नहस करने की कोशिश करना और वतनी दुश्मनों की इमदाद करना, यह अगर शर्म और हजार शर्म की बात नहीं तो और क्या है?

मुझे जमान-ए-तालिबेइल्म अपने चंद दोस्तों से हमेशा ही जिल्लत उठानी पड़ी, जब वे कहते थे कि तुम खानयीने-वतन (वतन के गद्दार) की औलाद हो। मैं उन अहबाब का नाम नहीं लिखना चाहता हूँ। चूँकि उन्हें शर्म आएगी कि वे इस वक्त अपने गले में गुलामी का पट्टा डाले हुए हैं या सरकारी कचहरियों में कुँजड़ों और कुँजड़ियों की तरह बाररूम में दुकानें लगाए बैठे हैं। उस वक्त उन्हें फख्र था कि उनके आबा व अजदाद उस गिरोह के एक बड़े रूमन थे, जिसने आजादी का अलम (झंडा) बुलंद किया था। खैर, मैंने अपनी कुरबानी से वे धब्बे, जो 1857 में मेरे ननिहाल के बुजुर्गों ने अस्मते-वतन पर लगाए थे, अपने खून से और नौजवान व मासूम खून से धो डाले।

क्या इस खानदान का इसको कफ्फारा (प्रायश्चित्त) समझा जा सकता है। ख्वाह यह हो या न हो, मेरी आनेवाली नस्ल पर यह ऐतराज न होगा कि ये उस खानदान से ताल्लुक रखते हैं, जो खाएन था, बल्कि मेरी कुर्बानी से

लोग रहम करेंगे और उन्हें अशफाक के खानदान का एक मेंबर खयाल करके बुजुर्गों की गलतियाँ फिर अजसरे नौ (नए सिरे से) याद न करेंगे। मुझे ननिहाल के खानदान के बारे में बस इतना ही लिखना है। मुझे अँदेशा है कि यह खानदान अब तरक्की करने के काबिल न हो सकेगा। चूँकि अब नौजवान तरक्की करने के बजाय अपने बुजुर्गों पर ही नाज करने को अपना शआर (आदत) बनाए हुए हैं और यही सिम्मे-कातिल हैं कि बुजुर्गों की तारीफ में लगे रहें या उन पर फख्र करते रहें। इनसान को खुद इम्तियाजी हैसियत हासिल करनी चाहिए। बुजुर्गों पर फख्रो-मुबाहात की जरूरत नहीं। यूँ मैं दादा की तरफ से कौमपरस्त और ननिहाल की तरफ से अंग्रेजपरस्त पैदा हुआ, मगर माँ का खून कमजोर था, यूँ वतनी आजादी का जज्बा ताकतवर रहा। अपने वतन, प्यारे वतन के लिए आज मौत के तख्ते पर खड़ा हूँ।''

उपर्युक्त विवरण से पता चलता है कि अशफाक उल्ला खाँ एक अच्छे धनी-संपन्न परिवार से संबंध रखते थे।

अशफाक उल्ला खाँ का जन्म 22 अक्तूबर, 1900 को उत्तर प्रदेश के शाहजहाँपुर कसबे में हुआ था। उनके पिता का नाम शफीक उल्ला खाँ और माता का नाम मजहर-उल-निशा था। उनके अन्य तीन भाई थे और एक बहन थी। बड़े भाई का नाम रियासत उल्ला खाँ, मँझले भाई शाकी उल्ला खाँ और छोटे भाई का नाम शहनशाह खाँ था तथा बहन का नाम परवरिश बानो था।

अशफाक उल्ला खाँ अपने बहन-भाइयों में सबसे छोटे थे। अतः परिवार के सभी सदस्य उन्हें बहुत लाड़-प्यार करते थे। उनकी शिक्षा भी अपने अन्य भाइयों की बनिस्बत अंग्रेजी माध्यम के स्कूल में आरंभ हुई। अपने स्कूल और स्कूली मित्रों के संबंध में उन्होंने एक स्थान पर लिखा है—

''मैं स्कूल जाने लगा। वहाँ मेरे बहुत सारे दोस्त थे। मैं भी दूसरों का दोस्त था, मगर यह स्कूल अंग्रेजी का था। वहाँ मेरी मार्शल स्प्रिट का नतीजा मिस्टर मनोहरलाल ज्योतिषी के बेंत थे। खुदा ने एक-दो वाकियात से साफ बचाया, फिर मैं भी फूँक-फूँककर कदम रखने लगा, मगर इस जमानए-तालिबेइल्मी का मुझे सबसे ज्यादा शिकवा आज इस फाँसी की कोठरी में बंद होने पर भी एक ओर महज एक दोस्त से है, जिन्हें मैं दिलोजान से मुहब्बत करता था, जिसके लिए मैं दुनिया व माफीहा (संसार) से कतई बेखबर था। जो मेरा दीनोईमान था, जो मेरा सबकुछ था। भाई की तरह प्यारा, दोस्तों के

दायरे में अफजल, मगर उसने हमेशा दु:ख और तकलीफ-पर-तकलीफ दीं।

मैं उसका नाम न लिखूँगा, जाननेवाले जानते हैं, पढ़नेवाले समझ जाएँगे, वे खुद जान जाएँगे, वे खुद समझ जाएँगे (मैं यह किस्सा नजरअंदाज कर जाता, मुझे इस जमन (संदर्भ) में आइंदा लिखना है, यूँ इसका लिखना जरूरी समझा)। खुदा उनका भला करे, परवान चढ़ाए, बाल-बच्चों को खुश रखे। मुझे जो-जो भी मायूसियाँ उठानी पड़ीं और मेरी तालीम को नुकसान पहुँचाने का बायस हुईं, वे मेरे इन्हीं करमफरमा की करमफरमाइयाँ थीं और इन तमाम बातों ने मिलकर मुझे किसी काबिल न बनाया, गो कि वे खुद भी मेरी तरह रहे।

खैर, वे मजे में हैं। चूँकि वे अपनी और महज अपनी ही खिदमत करना जानते थे और मैं दूसरों के लिए भी कुछ करने का ख्वाहिशमंद था। मैं बहुत मशकूर हूँ कि मुझे रिवोल्यूशनरी इन तमाम डिसअपॉइंटमेंट्स ने ही बनाया और मैंने जहाँ तक तजुरबा किया, मैं इसी नतीजे पर पहुँचा कि यह डिसअपॉइंटमेंट्स ही हैं, जो इनसान को उसकी मौत से बेखौफ बना देते हैं। मुहब्बत का माद्दा जिसके दिल में होगा, वही देश के लिए, देश-भाइयों के लिए, सबके लिए सबकुछ कर गुजरेगा। मसलए-तस्सवुफ इश्केमजाजी (मानवीय प्रेम) इश्केहकीकी (ईश्वरीय प्रेम) का जीना है, मैंने तो ऐसा ही पाया। यह वही मुहब्बत का माद्दा है, जो वतन की तरफ रुजू हो गया और मैं मौत का इंतजार कर रहा हूँ। मैं फखरिया कहूँगा कि मैं और वे दोस्त मिस्ल भाई के थे। मैं उससे हकीकी भाई जैसा प्यार करता था और वे मुझसे सौतेले भाई जैसा व्यवहार करते थे। मुझे बच्चों को नसीहत मकसूद है कि उन्हें किस दौर में गुजरना है और किन-किन मसाइब (कष्टों) से मुकाबला करना है। तालिबेइल्मी की जिंदगी निहायत खतरनाक है। अहतियात शर्त है।''

अंग्रेजी शिक्षा के अलावा अशफाक की शिक्षा उर्दू और फारसी में भी हुई थी। एक मौलवी साहब उन्हें उर्दू और फ़ारसी पढ़ाते थे। अशफाक पढ़ने में होशियार थे, लेकिन शैतानी करने में भी सबसे आगे रहते थे। मौलवी साहब जब उनकी हरकतों से परेशान हो जाते, तो वे उन्हें कान पकड़कर ऊठक-बैठक कराते, लेकिन फिर भी उनकी शरारतें कम नहीं हुईं। मौलवी साहब योग्य तो थे ही, साथ ही उनके पढ़ाने का तरीका भी बड़ा निराला था। मौलवी साहब को अंग्रेजी शिक्षा से घृणा थी और उनका अंग्रेजी से घृणा करने का प्रभाव अशफाक पर भी पड़ा। अपनी उर्दू की शिक्षा

और मौलवी साहब की अंग्रेजी के प्रति घृणा तथा तत्कालीन परिस्थिति को स्पष्ट करते हुए अशफाक ने लिखा—

"मेरी माँ खलील खानदान, हफीजखेल की एक मेंबर थीं। उनके वालिद कोर्ट में इंस्पेक्टर पुलिस, उनके दादा सब-जज थे, जो अय्यामे-गदर में आजादी के दीवानों के हाथों मारे गए थे। मेरी माँ की तालीमी हालत अच्छी-खासी थी और वे निहायत ही अक्लमंद थीं। उन्होंने हम लोगों को ऐसी अच्छी तरबियत दी कि आज हम जवान होने पर भी चारों भाई उनसे इतना डरते हैं कि उनके खिलाफे-हुक्म कुछ भी नहीं कर सकते।

मेरे वालिद साहब मुहम्मद शफीक उल्ला खाँ सब-इंस्पेक्टर पुलिस थे, मगर खुदा के फजलोकरम से मेरे पैदा होने से पेशतर ही मुस्तैफी (रिटायर) हो चुके थे और गो कि वह मेरी कम उमरी में ही दुनिया से गुजर गए। खुदा उन्हें जिवारे-रहमत में जगह दे और उनके कारनामों को, जो अय्यामे मुलाजमत किए गए थे, फरमोश करे (भुला दे), जिनकी वे हमेशा माफी माँगते रहे। वे मुझे पुलिस के कारनामे बतौर किस्सों में सुनाया करते थे, जिनका उन्होंने सामना भी किया। वे मुझे अभी तक याद हैं।

वह सब जो कभी थ्योरिटिकल था, अब प्रैक्टिकल सूरत में मिल गया। गरज कि किब्ला वालिद साहब भी मेरी वालिदा के हुक्म के ताबे रहते थे। मेरे तीन भाई और एक बहन हैं। बड़े भाई रियासत उल्ला खाँ, मँझले भाई शफी उल्ला खाँ, और छोटे भाई शहनशाह खाँ हैं। इस तरह हम चार भाई और एक बहन हैं। मैं अपने वालिद और वालिदा की आखिरी औलाद हूँ। मेरे सब भाई शादीशुदा हैं। बहन भी शादीशुदा हैं।

वालिद ने, जबकि वे पुलिस की मुलाजमत पर थे और काफी पैदा कर लेते थे, सुना है कि बड़े भाई और मँझले भाई पर बहुत कुछ सर्फ किया। नतीजा कुछ भी नहीं निकला। बस, वे अब शहरों के नाम अंग्रेजी में लिख लेते हैं और पढ़ भी लेते हैं। वे वैसे ही हैं, जैसे खानदान कदनखेल के मेंबर हैं। मेरे मँझले भाई, जो उर्दू में मिडिल पास हैं और अंग्रेजी उन्होंने सातवाँ दर्जा पास करके छोड़ दी, पर हमारे बुजुर्गों की कर-मफरफाइयाँ ज्यादा हैं। उनकी हालत वाकई इस काबिल थी कि वे किसी काबिल हो जाते, मगर भला हो अंग्रेजी के दुश्मनों का, जो अंग्रेजी की किताबों को हाथ लगाना, हाथ का नाजिस (अपवित्र) होना समझते थे।

एक दिलचस्प किस्सा मशहूर है कि हमारे एक अजीज अपनी अंग्रेजी की किताब अपने एक करीबी रिश्तेदार के यहाँ इत्तेफाकन भूल आए, तो उन्होंने नौकर से चिमटे से पकड़वाकर वह किताब अलग रखवा दी। अगर वे साइंस से वाकिफ होते, तो यह जानकर कि धातु कंडक्टर है, हरगिज चिमटे से न थमवाते, बल्कि लकड़ी की चीज से अलहैदा करवाते। गरज कि बच्चा था, मौलवी साहब, किबला खुदा उन्हें गरीक रहमत (मुक्ति) करे, जो मेरे भाइयों को पढ़ाते थे, उनके पास मुझे भी भेजा गया। चूँकि गैरमामूली दिमागी हालत थी, बिस्मिल्लाह, जो हमारे यहाँ एक रस्म है, उसके होने से पेश्तर ही मैं बाकायदा कायदा वगैरह खत्म कर चुका था और यूँ मेरी बिस्मिल्लाह ही न हुई कि मैं बाकायदा पढ़ने-लिखने लगा। गरज कि मौलवी साहब ने उसी पुराने तरीके पर पढ़ाना शुरू किया और रफ्ता-रफ्ता उर्दू-फारसी में बड़ी-बड़ी किताबें अखलाक मोहसनी, अनवार सहेली पढ़ा दीं और उर्दू में तो वे लाहौर की कई किताबें भी पढ़ाया करते थे। उर्दू किताबों का जखीरा (भंडार) मेरे घर में मेरी वालिदा का ही काफी था।

मैंने दिल भरकर उर्दू पढ़ी और किस्सा-कहानियों की कोई किताब शायद ही बाकी रही हो, जो न पढ़ी हो। शाहनामा, तिलस्महोश रूबा वगैरह बहुत पढ़ा करता था। मुझे जंग के हालात पढ़ने में हमेशा से दिलचस्पी थी। मैं पढ़कर मस्त रहता था और अमली सूरत भी पैदा करने की कोशिश करता था, जिसका नतीजा यह निकलता था कि मौलवी साहब मुझे कान पकड़कर उठाया-बैठाया करते थे। थी तो वह सजा, मगर वह कसरत का काम देती थी। मैं अपने खानदान के भाइयों में सबसे छोटा होने पर भी सबको जमीन झँका देता थे। मुहल्ले में हमेशा जंग छिड़ी रहती थी, क्योंकि मैं एक जंगज (लड़ाकू) लड़का था, मार-पीट का बाजार गरम रहता था। उस पर यह सजा तजवीज की गई कि फुरसत ही न दी जाए कि यह शरारत करे।

चुनाँचे मौलवी साहब के साथ घर जाना और फिर शाम को मगरिब के वक्त तक साथ रहना। जब मौलवी साहब मगरिब की नमाज पढ़कर घर वापस जाएँ, तब मुझे छुट्टी मिले। बस, वैसा ही मजा अब आ रहा है। कुछ भी हो, न बाहर निकल सकते हैं और न ही देख सकते हैं। यही हाल तब था जब बाहर लड़कों के खेलने की आवाज सुना करते थे और दिल मसोस-मसोसकर रह जाते थे। सबक में मौलवी साहब खुश रहते थे, मगर शरारत के वक्त और भी ज्यादा खुश कि सैकड़ों बैठक करा लेते थे या यूँ समझिए कि

मौलवी साहब मुझे पहलवान बनाने का शौक रखते थे।

हमारे मौलवी साहब का तरीका-तालीम निराला था। उनकी काबिलियत में शक नहीं। वे इल्मेरिआजी में महारत रखते थे, मगर हम ऐसे बदकिस्मत कि हमेशा रिआजी में ही कमजोर रहे। वे सबक कम देते थे, मगर अंग्रेजी तालीम का खाका बहुत उड़ाते थे और अंग्रेजी की दोस्ती को जहन्नुम जाने का जरिया समझते थे। उन्हें अंग्रेजी पोशाक से सख्त नफरत थी। वे ऐसे-ऐसे किस्से गढ़कर सुनाया करते थे, जिनका महज नतीजा यह निकला कि हम लोग आज तक कोट-पतलून पहनते हुए झिझकते हैं। गो कि अब अकसर इस वक्त के दोस्तों के साथ बैठकर हँसते हैं, मगर अब पता चला है, जब प्यारे महात्मा गांधीजी ने भी वही तालीम दी कि देशी जुबाँ रखो और देशी कपड़े पहनो।

प्यारे मौलवी साहब की बातें याद आईं। एंटी ब्रिटिश स्प्रिट उनमें ज्यादा थी। चुनांचे उस वक्त के ग्रुप में से इस वक्त हम सिर्फ दो मौजूद हैं, जो उनकी उम्मीदों के मुताबिक निकले। गो कि एक तो बहुत आगे निकल गया। अगर आज वे जिंदा होते, तो बहुत खुश होते। मैं तो उनकी मरजी के मुताबिक उनसे मिलता, क्योंकि विदेशी खयालात मुझमें कुछ नहीं और अंग्रेजों के खिलाफ स्प्रिट भी है। सैयद हबीब अहमद एंटी ब्रिटिश तो हैं, मगर कोट-पैंट के दिलदादा जरूर हैं। उनकी यह पुरानी आदत हो चुकी है। वे और भी बहुत आगे बढ़ गए हैं। खैर, उन्हें उनके मकासिद (उद्देश्यों) में खुदा कामयाब करे। एक और भी उनके शागिर्द थे—मिस्टर अयूब अहमद सब्र, जिन्होंने जेल भी काटी है। शायद हम तीनों उनकी रूह को खुश करते हैं। गरज कि अब न वे मौलवी साहब हैं और न वह जमाना है। फाँसी की कोठरी है और हम हैं।

जब मैं जवान हुआ तो बदकिस्मती से 14 बरस का खासा जवान पहलवान मालूम होता था। मुझे फाँसी महज मोटा-ताजा होने की वजह से ही दी जाएगी। यह बात प्रोसीक्यूटर की बहस में सामने आई।

"खैर, अंग्रेजी जुबान पढ़कर, जबकि रियाजी बिलकुल सिफर थी, स्कूल में दाखिल हुआ। अब जैसे ही हमने अंग्रेजी शुरू की तो हमारे खानदान के लोगों में खलफिशार (झगड़ा) पैदा हुआ। चूँकि फिजाए खानदान में अजीब किस्म के जरासीम (कीटाणु) मौजूद थे और कम उम्र के लड़कों में चूँकि अक्ल की कमी होती है, जो उनसे प्यार से बोला, उसी के दोस्त हो गए। चुनांचे मेरा भी यही हाल हुआ। तीन-चार साल में और बड़ा हुआ। कभी मास्टर ने गलती पर डाँटा तो मैं भी ऐंठ गया, जिसका नतीजा आपस का

खलफिशार और मेरी बदबख्ती (दुर्भाग्य) व बदकिस्मती निकली। मैं भी वैसा ही था कि बुजुर्गों पर नाज करता और किस्मत पर शाद (खुश) रहता था। गंडे-ताबीजों की मदद से पास होने की उम्मीद रखता, वक्त को लहोवो-लुआब (खेलकूद) में और किस्सा-कहानियों के सुनने में सर्फ करना मेरा काम हो गया।

फिर एक जमाना वह आया कि तुर्कों और ईसाइयों में जंग छिड़ गई। बस फिर क्या था, लोगों को प्रोपेगंडे का मौका हाथ आया और इधर मेरी भी दबी हुई आग दहकने लगी और तालीम की तरफ से लापरवाही, क्योंकि अंग्रेजी हमारे दुश्मनों की जुबान थी, इसलिए उससे नफरत होने लगी। अखबारबीनी हमारा शुआर (काम) हो गया। किताबें लेकर स्कूल चले तो जाते, मगर लापरवाही के साथ। नतीजा क्या निकला—नामुरादी व नाकामी, मगर तरबियत वालिदा के हाथ में थी, जो कामयाबी मुनहसिर थी, वह चौपट हो गई। मैं बचपन से ही गजबनाक (भयानक) व लड़ाकू था। यूँ लड़के तो फिर लड़के थे, मास्टरों से भी न दबता था। वे भी अगर कुछ न कह सकते थे तो इतना उनसे हो सकता था कि इम्तिहान में खयाल रखें और अकसर हमारे मास्टर पृथ्वीसिंह साहब आँजहानी (स्वर्गीय) कहा करते थे कि खाँ साहब, अप्रैल के महीने का भी खयाल है। इस तरह वे अपना वादा पूरा किया करते थे।

मैं था कि परवाहे-नबाशुद (लापरवाह)। जब छठे दर्जे में था, ज्यॉमैट्री का कोर्स सिर्फ पूरा खत्म करके सुबह इम्तिहान देकर छः में से पाँच सवाल हल किए थे, जबकि एक दिन पहले मुझे ज्यॉमेट्री की एक भी लाइन याद न थी। खैर, आज किन-किन वाकियात का सामना करना पड़ा और तकमीले-तालीम कौन-कौन सी बातें हाजिर हुईं। इस पर वे गौर करें और उनसे वे पूरा परहेज करें।''

इसमें कोई शक नहीं कि अशफाक की तालीमो-तरबियत बहुत अच्छी रही। वे पढ़ाई में बचपन से ही होशियार थे, लेकिन न जाने क्यों उन्हें फिर भी अपने आप पर अफसोस रहा। यह वह दौर था, जब पढ़ाई के साथ-साथ उनके दिमाग में क्रांतिकारी विचार जन्म लेने लगे थे। यही नहीं, वे अंग्रेजों को उनकी वहशियत व जुल्म-ओ-सितम के लिए सबक सिखाने की भी तरकीबें बनाने लगे थे। वाकई, देश के प्रति उनकी भावनाएँ बेमिसाल थीं।

□

माता मजहर-उल-निशा बेगम

अशफाक की माता मजहर-उल-निशा उन्हें बहुत लाड़-प्यार करती थीं। अशफाक को भी अपनी माता से बेहद मुहब्बत थी। अकसर ऐसा होता था कि वे रात में उठ-उठकर अपनी माता का मुँह देखा करते थे। यही नहीं, उनके परिवार के अन्य सभी लोगों को भी उनसे अनोखी और बेमिसाल मुहब्बत थी। अमान उल्ला खाँ ने अशफाक और उनके परिवार की स्थिति का स्पष्ट जिक्र करते हुए लिखा है—

"अशफाक उल्ला की वालिदा साहिबा मजहर-उल-निशा बेगम दुख्तर (बेटी) मुहम्मद अबुल हसन खाँ साहब, कौम कदनखेल, साकिन मोहल्ला खलील गरबी की साहबजादी थीं। उनकी शादी मुहम्मद शफीक उल्ला खाँ अफगान दाऊदजई, साकिन मुहल्ला जलालनगर, हाल अशफाक नगर से हुई थी। उनके चार लड़के और एक लड़की थी। बड़े लड़के रियासत उल्ला खाँ, मँझले लड़के शफी उल्ला खाँ, सँझले लड़के मुहम्मद शहनशाह खाँ उर्फ मुन्नू खाँ और एक लड़की थी, जिसका नाम परवरिश बानो था, सबसे छोटे लड़के अशफाक उल्ला यानी आखिरी औलाद अच्छू खान थे।

चूँकि अशफाक उल्ला आखिरी औलाद थे, इसलिए उनसे वालिदा साहिबा और वालिद साहब को बेहद मुहब्बत थी। अशफाक उल्ला को भी वालिदा साहिबा से मुहब्बत थी। वे अकसर रातों को उठकर वालिदा साहिबा का मुँह देखा करते थे। वैसे वालिदा साहिबा को सभी औलादों से मुहब्बत थी, लेकिन वे अशफाक उल्ला से बहुत ज्यादा मुहब्बत करती थीं। जो

अशफाक कहें, वही किया जाता था। वालिदा साहिबा का मशगली (काम) कुतुबानी (किताबें पढ़ना) रहता था। उनके पलँग के एक तरफ किताबें रखी रहती थीं। अखबारात आते रहते थे, जिन्हें वे पढ़ती रहती थीं। ज्यादातर इल्मी मशुगला था। वे पान बहुत ज्यादा खाया करती थीं। अशफाक उल्ला खाना खाने के बाद पान खा लिया करते थे। उन्हें और कोई शौक न था। अन्य लोग सिर्फ वालिदा साहिबा के शौक की वजह से पान खाने के आदी हो गए थे।

घर में तीन-चार नौकरानियाँ मुलाजिम थीं। खुदा ने बहुत कुछ दिया था। पेंशनर वालिद साहब पुलिस में सब-इंस्पेक्टर थे। जो अमदनी मवाजियात (गाँव) या मुलाजमत की आती थी, सब वालिदा साहिबा के हाथ पर आती थी। वालिद साहब का खर्च वगैरह से कोई सरोकार न था। वे सब कुछ वालिदा साहिबा को दे देते थे। वे गरीबों, बेवाओं को खुले दिल से दान देती थीं और गरीबों की लड़कियों व लड़कों की शादियों में बहुत कुछ मदद किया करती थीं। मुहल्ले की दो विधवाओं को दोनों वक्त खाना दिया जाता था। गरज कि बहुत फैयाज व सखी तबीयत की बीवी थीं।

वे किसी को गमगीन व परेशान देखना पसंद नहीं करती थीं। अशफाक जब बच्चे थे, मुहल्ले-टोले में अपने हमउम्र लड़कों को पीट देते थे और शिकायत आती थी, तो उस लड़के को पैसे वगैरह देकर राजी कर लेती थीं, ताकि उस लड़के के माँ-बाप इनके बच्चों को न कोसें। अशफाक उल्ला खाँ की तालीम व तरबीयत सब वालिदा साहिबा की थी। इल्मो अदम में बहुत काबिल मानी जाती थीं। मुहल्ले के मर्द-औरतें बराबर हर मामले में उनकी सलाह बगैर कोई शादी-ब्याह न करते थे। गरज कि उनकी सलाह के बगैर खानदान में कोई काम न होता था। सभी लोग उनका बड़ा खयाल करते थे। वे कद्दावर किस्म की बीवी थीं और बहुत बुश्दबार (गंभीर स्वभाव) हँसमुख थीं।

मैं अकसर उनसे अशफाक उल्ला के गायब होने की शिकायत करता था कि वे कहाँ जाते हैं। कई-कई रात और दिन गायब रहते हैं। अगर कोई आफत खड़ी हो गई, तो मुसीबत का सामना करना होगा। आप क्यों नहीं डाँटती हैं? तो वालिदा साहिबा बिगड़ जातीं और कहती थीं कि अगर तुमने कुछ कहा तो मैं घर छोड़ दूँगी। तुम्हें अशफाक की नसीहत से कोई मतलब नहीं है। वह करीम उल्ला खाँ एडवोकेट के यहाँ, जो एक अजीज हैं, रहता है, वहीं पढ़ता है। मैं कह देता था कि बीवी अगर कोई बात हो गई तो मुझे ही

भुगतना पड़ेगा और परेशानी भी उठानी पड़ेगी। जैसाकि काकोरी केस होने पर सारी कोशिश मेरे ऊपर ही पड़ी। सिर्फ मैं था जो काकोरी केस का सब काम करता था। दो साल तक काम किया, लेकिन मेरी सब मेहनत जाया हुई। तबाह और बरबाद भी हुआ, लेकिन वालिदा साहिबा को सदमा शहीद अशफाक की शहादत से पहुँचा। फिर भी तारीफ करूँगा कि उनके इस्तकबाल में फर्क नहीं आया। उन्होंने अपने को एक साबिरा (सब्र करनेवाली) और शाकिरा (शुक्र करनेवाली) होना साबित कर दिया।''

अशफाक की माताजी बहुत नेक और काबिल थीं। उन्होंने हमेशा अशफाक को भी नेक व काबिल बनने की सीख दी, जिससे उन्हें अपने मकसद में कामयाबी मिली।

□

देश-भक्ति की भावना

भारतवासियों पर अंग्रेजों का कहर बदस्तूर जारी था। 1857 में मिली अपनी कामयाबी से अंग्रेजों के हौसले और बढ़ गए थे। इसीलिए उनके अत्याचारों में दिन-प्रतिदिन इजाफा होता जा रहा था। 1857 के स्वतंत्रता संग्राम में अंग्रेजों ने हिंदू-मुसलिम एकता को बड़े गौर से देखा था। यही कारण था कि उन्होंने आगे चलकर उनके बीच फूट डालने की नीति पर कार्य किया। उन्होंने 'फूट डालो और राज करो' की नीति के अंतर्गत लगभग पूरे भारत को अपने अधिकार में ले लिया। यही नहीं, वे भारत के शासक बनकर भारतीयों पर जुल्म-ओ-सितम ढाने लगे।

अशफाक उस समय काफी छोटे थे, लेकिन उनकी सोच उनकी उम्र से काफी बड़ी थी। उनके बालमन में अंग्रेजों से अपने स्वदेशी भाई-बहनों पर हो रहे अत्याचारों का बदला लेने की भावनाएँ जाग्रत हो उठी थीं। कभी-कभी तो अशफाक का चेहरा अंग्रेजों के जुल्म-ओ-सितम देखकर गुस्से से लाल हो उठता था।

एक दिन अशफाक अपने पिता के पास गए और बोले, "अब्बाजान, एक दिन आप रियासत भाईजान को समझा रहे थे कि जुल्म करना जितना बड़ा गुनाह है, जुल्म सहना और जुल्म होते हुए देखना भी उतना ही बड़ा गुनाह है। अतः, ऐसे में जुल्मी की खिलाफत कर उसे सबक सिखाना चाहिए।"

"बेशक, तुमने सही फरमाया। यह बात हदीस शरीफ के मुताबिक पूरी तरह से सही है और फिर जो जुल्म से बचता और जुल्म से बचाता है या उसकी खिलाफत करता है, वही सच्चा मुसलमान कहलाता है।" पिता ने कहा।

"अब्बाजान, कोई जुल्मी गैर-मुसलिम हो और जो जुल्म सह रहा हो, वह

भी गैर-मुसलिम हो; तो एक नेक व सच्चे मुसलमान को ऐसे में क्या करना चाहिए? इस बारे में हदीस शरीफ में क्या बयान आता है?'' अशफाक ने उत्सुकता से पूछा।

''बेटा,'' शफीक उल्ला गंभीरता से बोले, ''सबसे पहले तुम यह बात ध्यान में रखो कि कोई भी आदमी हिंदू, मुसलिम, सिख या ईसाई बाद में है, पहले वह एक इनसान है और कोई भी मजहब मजहबी फराइज अदा करने में रुकावट नहीं बनते और न ही बनने चाहिए। अगर कोई आदमी मजहब को इनसानी फराइज की अदायगी में रुकावट मानता है, तो फिर वह सच्चा मुसलमान है ही नहीं।''

''अब्बाजान, मैं आपकी बात का मतलब पूरी तरह से समझा नहीं, जरा तफ्तीश से बयान करें।''

''अशफाक,'' वालिद समझाते हुए बोले, ''जो इनसान जुल्म-ओ-सितम करता है, वह जुल्मी और जिस पर जुल्म होता है, उसे 'मजलूम' कहा जाता है। जुल्मी चाहे किसी भी मजहब से ताल्लुक रखनेवाला हो, उसकी हर लिहाज से खिलाफत की जानी चाहिए। इसी तरह मजलूम किसी भी मजहब का क्यों न हो, उसकी हिफाजत की जानी चाहिए।''

''अब्बाजान, अंग्रेज मुल्क के लोगों पर तरह-तरह के जुल्म कर रहे हैं, इनके बारे में आपका क्या खयाल है?'' अशफाक ने गंभीर अंदाज में पूछा।

''बेटा, अंग्रेज जबरदस्ती मुल्क के हुक्मरान बन बैठे हैं, जुल्म करना इनकी आदत में शुमार है; इसीलिए इनकी खिलाफत की जानी चाहिए।''

पिता की बातों का अशफाक के मन-मस्तिष्क पर बड़ा गहरा प्रभाव पड़ा। उनके दिल-ओ-दिमाग में अंग्रेजों की खिलाफत के विचार जोर पकड़ने लगे। उनके भीतर देश-भक्ति की भावना और बलवती होने लगी। उनकी देश-भक्ति की भावना की झलक उनकी इस गजल में देखने को मिलती है—

बुजदिलों को सदा मौत से डरते देखा,
गो कि सौ बार इन्हें रोज ही मरते देखा।
वीर को हमने नहीं मौत से डरते देखा,
तख्त-ए-मौत पर भी खेल करते देखा।
मौत जब इक रोज आती है, तो डरना क्या है?
हम सदा खेल ही समझा किए मरना क्या है?
तंग आकर हम भी उनके जुल्म से बेदाद से,

चल दिए सूए अदम जिंदाने फैजाबाद से।
जिंदगी बाद-ए-फना तुझको मिलेगी हसरत,
तेरा जीना तेरे मरने की बदौलत होगा।
गरदन अब हाथ से अपने ही कटानी हमें,
मादर-ए-हिंद पे यह भेंट चढ़ानी है हमें।
किस तरह करते हैं अहरार-ए-वतन भारत पर,
सारे आलम को यही बात दिखानी है हमें।
ऐ मातृभूमि, तेरी सेवा किया करूँगा,
मुश्किल हजार आएँ हरगिज न डरूँगा।
निश्चय यह कर चुका हूँ, संदेह कुछ नहीं,
तेरे लिए जिऊँगा, तेरे लिए मरूँगा।
फाँसी मिले मुझे या हो जनम कैद मेरी,
बेड़ी बजा-बजाकर तेरा गुणगान करूँगा।
फट्टा ये मूँज का फिर फूलों की सेज होगा,
इसको बिछाके जब तेरी गोद में पडूँगा।

अशफाक एक बहुत अच्छे शायर थे। उन्होंने देश-भक्ति की भावनाओं से ओत-प्रोत अनेक गजलों की रचना की। इसके अलावा उन्होंने जुल्म-ओ-सितम के विषय में भी गजलें लिखीं। जुल्म-ओ-सितम के बारे में रामप्रसाद की लिखी एक गजल, जिसे अशफाक अकसर पढ़ा करते थे, इस प्रकार है—

जेर-ए-जुल्मत क्यों है किस्मत भारत-ए-नाशाद की,
ऐ खुदा, अब तो खबर ले हिंद की औलाद की।
क्या ये तक्सीर कुछ कम थी उल्फत-ए-दिलदार की,
घर दिया और जर दिया सर दे के भी इमदाद की।
खूबी-ए-किस्मत तो देखो जा-निसारी के सिले,
जो मिलीं सब पर अयाँ हैं सनअत-ए-उस्ताद की।
मार्शल ला, जेलखाना फाँसी औ हब्स-ए-दवाम,
बंदिश-ए-नज्नो-जुबाँ क्या-क्या नहीं ईजाद की।
गर्क होगा खुद सितमगर बहर-ए-खून-ए-हिंद में,
सुर्ख मछली बनके तैरेगी छुरी जल्लाद की।

अपने मुल्क और उसके लोगों के प्रति अशफाक के मन में प्रेम और अपनत्व की भावना और भी गहरी होने लगी थी। जुल्मी अंग्रेजों के प्रति उनका मन घृणा से भर गया था और बाकी का रहा-सहा कार्य उनके पिता शफीक उल्ला के विचारों ने कर दिया था। जुल्मी अंग्रेजों से बदला लेने व उनकी खिलाफत करने का अशफाक ने अपना इरादा पक्का कर लिया था।

□

मैनपुरी षड्यंत्र

अशफाक के दिल–ओ–दिमाग पर क्रांतिकारी विचारधारा ने अपना अधिकार जमा लिया था। जब वे कई–कई दिनों बाद या देर रात गए घर में दाखिल होने लगे थे, तो उनके घरवालों को शक हुआ कि कहीं अशफाक भी क्रांतिकारी गतिविधियों में भाग तो नहीं लेने लगे! क्रांतिकारी आंदोलन की गतिविधियाँ एवं विचार उन्हें विप्लवी मार्ग पर ले आए थे।

1918 में जब वे शाहजहाँपुर के एक मिशन स्कूल में सातवीं कक्षा में पढ़ रहे थे, तब मैनपुरी षड्यंत्र का मामला सामने आया। उनके मस्तिष्क को गहरा झटका तब लगा, जब दसवीं कक्षा में पढ़ रहे राजाराम भारती को पुलिस मैनपुरी षड्यंत्र में गिरफ्तार करके ले गई। अशफाक ने इस घटना के बारे में लिखा—

> ''1918 में जब मैं मिशन स्कूल के सातवें दर्जे में पढ़ रहा था, स्कूल में एकाएक पुलिस आ गई। मैं मिशन के छोटे दर्जे का तालिबेइल्म (छात्र) था, जब मैनपुरी साजिश का मुकदमा चला। हमारे स्कूल में भी इस केस का अप्रवर यानी सरकारी गवाह शिनाख्त की गरज से लाया गया था और उसने दसवें दर्जे के राजाराम भारती को गिरफ्तार कराया। और भी दो–एक लड़कों पर शुबह (संदेह) जाहिर किया।
>
> पुलिस की लाल पगड़ियाँ स्कूल के चारों तरफ दिखाई पड़ती थीं। यह एक नई बात थी कि स्कूल का एक तालिबेइल्म इस सूरत में गिरफ्तार हुआ। गो कि बंगाल में यह एक मामूली बात और आए दिन का मामला है। मगर यू.पी. में यह बात कहाँ थी। गरज कि अजीब दहशत और खौफ स्कूल पर छाया हुआ था। हर एक लड़का अपनी जान की खैर मनाता था। मैं उस रोज

देर से गया था। कोई लड़का अंदर से बाहर नहीं निकल सकता था। हर दर्जे में शिनाख्त हो रही थी। मैं भी अपने दर्जे में खामोशी से जा बैठा। मगर नफ्से-मामला (मामले की तह) मालूम करने के लिए बेचैन था, जो मेरी नेचर में था।

चूँकि मैं स्कूल का एक हॉकी खेलनेवाला आजाद खयाल तालिबेइल्म था, इसलिए मास्टर साहब से पूछने के लिए झुका। मास्टर साहब बताने से डरे कि एक लड़के ने कहा कि राजाराम ने डाका नहीं मारा है, फिर भी वे गिरफ्तार किए गए हैं और भी लड़के गिरफ्तार हुए हैं। अब मुझे राजाराम की फिक्र हुई कि यह लड़का कौन है, क्योंकि वह एक सीधा व खामोश लड़का था। यूँ अकसर तुलबाए स्कूल (स्कूल के छात्रगण) उससे वाकिफ न थे।

मेरी और उसकी मुलाकात उसकी रिहाई के बाद हुई। मुझे यकीन नहीं आता था कि ऐसा भोला लड़का रिवोल्यूशनरी भी हो सकता है। खैर, उसी रोज शाहजहाँपुर में भी तलाशियाँ शुरू हो गईं। चूँकि दर्जा एक के मेरे साथी ने मुझे अलाहिदा ले जाकर कहा कि राजाराम एक खुफिया सोसायटी का मेंबर था, वह न डाकू है और न कातिल। मैंने हँसकर कहा कि तुम भी मालूम होते हो। तुम्हें की गिरफ्तार करा दूँगा। उस पर उसने निहायत बहादुरी से कहा कि मैं देश के लिए मरने को तैयार हूँ। उसने कुछ ऐसी शान और तर्ज से कहा था कि मैं उसे कभी नहीं भूला।

अब शहर में चंडूखाने की खबरें उड़ने लगीं, जिसका अंदाजा उस वक्त तो मैं न लगा सका था, मगर अब जब अपने ऊपर पड़ी, तो समझ में आया कि गप्पाष्टक के सामने राई पहाड़ बन जाती है। अब सुना कि रामप्रसाद मफरूर (भाग जाना) हो गए और भी चंद लड़के मफरूर हैं। हमारी टीम का एक प्लेयर मिस्टर कालीचरण भी पंडित कालीचरण के धोखे में बुलाया गया। गरज कि अजीब लुत्फ और खौफ के दिन थे। लुत्फ तो ऐसी तबीयतों के लिए था, जो हमेशा नई चीज चाहती थीं और खौफ के दिन सबके लिए कि जो जरा-सी बात पर इख्तिलाजे कल्ब महसूस करते हैं और उसी पुराने रवैये को पसंद करते हैं, ख्वाह तरक्की में हों या तनज्जुल (अवनति) में।

अब गिरफ्तारियों में महफरूरियों के बाद केस मैनपुरी डिस्ट्रिक्ट में चलाया गया। अखबारोंवालों की किस्मत जाग गई। इससे मुल्कवालों को मालूम हुआ कि लड़के भी कुछ करना चाहते हैं। गो कि यह लड़कों का ही

एक खेल था। चूँकि बेसिलसिले बेताल्लुक स्कूल व कॉलेजों के तुलबा हुकूमत ब्रितानियों को टोपीदार बंदूक या बम के गोलों से हिंदुस्तान से नहीं हटा सकते। मगर नौजवान खून चूँकि गरम होता है, इसे हर मुश्किल काम आसान मालूम होता है। यूँ इन लोगों का भी दिमाग चकरा गया था। मैं उनके जज्बात, उनकी हुब्बुल वतनी (देश-प्रेम), उनके ईसार का दिल से कायल हूँ। मगर इन पाक जज्बात का खून किसी नाआकबत अंदेश हाथ से हो गया था। अगर ऐसे नौजवान किसी आजाद मुल्क में पैदा होते, तो बगैर किसी रुकावट के कहूँगा कि नेशंस बिल्डर्स की फेहरिस्त में इनका भी नाम पाया जाता।

यह काम आसान नहीं है कि मौत का मुकाबला करने और मजमे में काटे जाने के लिए इनसान अपने आपको खुशी से पेश कर दे। ऐ वतनी मुहब्बत, तेरी अदाएँ भी निराली व अनोखी हैं। अगर एक तरफ तू नेपोलियन बोनापार्ट को सर-जमीने फ्रांस का एक चहेता फरजंद (प्यारा पुत्र) बना देती है, तो दूसरी तरफ दूसरे के लिए दुश्मन जाँ (जान का दुश्मन) और खूँखार बनाकर सेंट हेलेना बंद करा देती है। गरज कि एक के लिए जो शहद है वह उसी वक्त में दूसरे के लिए जहरेहलाल है। एक के लिए नवैदेहयात है, तो दूसरे के लिए पैगामे मौत।

हुब्बुल वतनी, तू प्यारी-से-प्यारी चीज है और जालिम-से-जालिम है। तेरे कदमों पर कितने ही ऐसे नौजवानों के सिर होंगे, जो काट-काटकर चढ़ा दिए गए होंगे और कितने ही ऐसे मनचले नौजवान तेरी एक अदा पर हँसते हुए रन में खत्म हो गए। स्पार्टा का हीरो तेरे ही नाम पर कुरबान हो गया। जापान के तुलबा ने तेरी ही मुसकराहट पर अपने को दरियाबुर्द कर दिया। होरेशस फौज के मुकाबले में तनहा खड़ा लड़ लिया और खून से लथपथ हो गया। गरज कि इन नातजर्बेकार नौजवानों के कारनामे पब्लिक के सामने आए।

यह एक आम मसल मशहूर है कि खरबूजे को देखकर खरबूजा रंग बदलता है। स्कूलों के लड़कों का यह आम तरीका है कि जिस दिन स्कूल में दाखिल होने के लिए आएँगे, गरीब सीधे-सादे देहाती पोशाक में होंगे, मगर एक साल के अंदर ही गले में टाई होगी और पाँव में बूट जूता, फिर वह तेलिया चमड़ी का ही क्यों न हो। एक कोट-पतलून का भी होना जरूरी समझा जाएगा। गरज कि बातूनी और कायल लोग इसी किस्म की बातें खूब

कलियाँ-फूल लगा-लगाकर किया करते थे।

मैं भी नौजवान था और खूब मोटा-ताजा था, क्योंकि मैं बचपन से ही कसरत का शौकीन था। अब वही बदकिस्मती से मेरी फाँसी का कारण हुआ। क्योंकि हमारे मुकर्रम जनाब मिस्टर खैरात नबी से पब्लिक प्रॉसीक्यूटर ने अपनी बहस में मेरा मोटा-ताजा होना जाहिर किया। इसीलिए मुझे अपने पूरे गिरोह में सबसे सख्त और ज्यादा सजा मिली। गरज कि मैनपुरी कांसपिरेसी के बाद मेरी हालत बदल गई।

जब मैं आठवीं क्लास में पास होकर आया, मेरे कोर्स में इंग्लिश की किताब के दो सबक थे—एक तो 'लव ऑफ कंट्ररी' (वतनी मुहब्बत) सर वॉल्टर स्कॉट की लिखी हुई नज्म और दूसरा सबक जिसमें होरेशस का किस्सा था, जिसमें उसने एक स्पीच दी थी, जब मुल्क पर गनीम (शत्रु) ने चढ़ाई की थी। उसने कहा था कि अगर पुल तोड़ दिया जाए, तो टाईबर नदी को पार करके फौज नहीं आ सकती और कोई दूसरा रास्ता नहीं है। मैं जाता हूँ और इस तंग रास्ते में मैं मय तीन साथियों के खड़े होकर लड़ूँगा और इधर पुल नदी में तोड़कर डाल दिया जाए। गरज कि ऐसा ही हुआ और रोम बच गया।

मेरे मास्टर साहब ने कुछ ऐसी ही तर्ज से इस सबक को पढ़ाया कि तन-बदन में आग लग गई। इस सबक का मुनदर्जा जैल (निम्नलिखित) यह किस्सा इस वक्त तक याद है—

To every man on the earth,
Death cometh soon or late,
The how a man can die or better death,
Then facing fearful odds,
For the ashes of his fathers,
And the temples of his odds.

मेरी हुब्बुल वतनी (देश-भक्ति) की बुनियाद महज इसी सबक से पड़ी। सैकड़ों किताबें पढ़ लीं और हजारों लेक्चर सुन डाले, मगर न मालूम स्कूल की वह कौन-सी साअत थी जिस दिन मास्टर साहब ने यह सबक पढ़ाया था। मैं अपने आपको रोक न सका और मैं खूब रोया। गरज कि मुझे हुब्बुल वतनी के प्लेटफॉर्म पर लानेवाली और मुझमें वतन

की मुहब्बत की आग भड़कानेवाली सबसे अव्वल यही नज्म थी और यही सबक था।

इसके बाद मेरे एक मास्टर साहब ने, जिनका नाम अब मैं मसलेहतन (विशेष कारण से) नहीं ले रहा, क्योंकि इससे मुमकिन है कि उन्हें कुछ परेशानी महसूस हो, मुझे एक किताब दी और कहा कि मैं तुम्हें यह किताब इसलिए देता हूँ क्योंकि तुम इसके अहल (योग्य) साबित होते हो। उस किताब का नाम था—'दुनिया भर के मुहिब्बानेवतन' (Patriots of the World)। मैंने वह किताब पढ़ी, जिसका यह इंप्रेशन मेरे दिल पर पड़ा कि वतन पर जो मर मिटा, उसने जिंदगी-ए-जावेद (अमरत्व) पाई।

अब मुझे किताबें पढ़ने का शौक हुआ और अपनी गफलतों पर अफसोस हुआ कि इतनी उम्र खेलने-कूदने में गँवाई, जिससे तालीम में कमी आई। चूँकि हुब्बुल वतनी के लिए तालीम एक लाजिमी अम्र (आवश्यक कार्य) था। अगर जज्बाते हुब्बुल वतनी बच्चों में शुरू से पैदा की जाए और दुनिया के लोगों की जीवनियाँ पढ़ाई जाएँ, तो बच्चा हमेशा पढ़ने का शौकीन रहेगा और बड़ा होकर बिगड़ेगा नहीं। वह समझदार बनेगा और अक्लमंदी से रास्ता चलेगा।

गरज कि इसी तगौदो (दौड़-धूप) में रहा और कई बरस गुजर गए। मैं काफी जवान हो गया था और तालीम में कम था। खौफे तावलत से मुख्तसर लिख रहा हूँ। मेरा इरादा आगे चलकर बच्चों को नसीहत देना है। बनारसीलाल अप्रूवर अकसर मुझसे मिला करते थे। मुझे उस वक्त तो क्या, बल्कि कई साल तक यह पता न चला कि वे कौन हैं और उनकी गुजरी जिंदगी क्या है? एक दिन इन हजरत ने रामप्रसाद 'बिस्मिल' का जिक्र छेड़ा। राजाराम भारती इन्हीं के घर पर रहा करते थे। मुझे एकाएक शक हुआ कि ये भी मैनपुरी कांसपिरेसी के मेंबर हैं। लिहाजा अपने से ज्यादा मुल्क का खैरख्वाह समझकर मैं उनकी इज्जत करने लगा। इस जमाने में सबसे ज्यादा बैठकें उनके घर हुईं।

मैं और जलसों में भी बराबर शामिल होता था। वे भी जानते थे कि मैंने गाढ़ा पहनना शुरू कर दिया था। उन्होंने मुझसे वह सब कुछ जो मैंने राजाराम से सुना था, सुनना शुरू किया और अपने आपको देश-भक्त साबित कर दिया। यह आजकल फैशन है कि अपने आपको रिवोल्यूशनरी बताया जाए।

जैसाकि अय्यामे फरारी (फरारी के दिनों में) में एक साहब ने अपने आपको मुझ पर साबित किया, जिसे मैं उसके मौके पर हवालेकलम (कलमबद्ध) करूँगा।

एक दिन बनारसीलाल ने मुझे एक किताब 'आनंदमठ', जो हिंदी में थी, सुनाई। मैं उस वक्त हिंदी बहुत कम जानता था। फिर बनारसीलाल ने मुझसे कहा कि खुफिया सोसायटी ऐसी है। बनिस्बत इस हाहाकार के कांसपिरेसी का कायल तो मैं उनके मिलने से पहले ही हो चुका था, जबकि मैं हिजरत करनेवाला था। एक साहब ने मुझे रोक दिया और कहा कि तुम हिंदुस्तान में रहकर भी बहुत कुछ कर सकते हो। तुम खुफिया सोसायटी में शामिल हो जाओ। चुनांचे रिवोल्यूशनरी बनने की बुनियाद पड़ गई और मैं भी राजी हो गया, मगर मुझे हमेशा मुसलमान तबके से निराशा ही हाथ आई। राहेअमल पर कोई भी न आया। मैं ही एक उल्लू था कि इसी धुन में था।

मियाँ बनारसीलाल मुझे हमेशा गमगीन नजर आते और असर दोस्तों के छूट जाने का था। अलावा इसके कांग्रेसवाले जो कल मदद का वादा कर चुके थे, अपने-अपने रास्ते पर लग गए थे। इसके अलावा उलटा बेवकूफ बनाते थे। इन बातों का असर मुझ पर यह पड़ा कि मैं हमेशा बेचैनी महसूस करने लगा। मगर किससे कहूँ, न कोई हमनशीन, न राजदार है, जिसके सामने गम की कहानी कहूँ। फिर मैंने बनारसीलाल से कहा कि रामप्रसाद के पास चलो और मुझे इंट्रोड्यूस करा दो। गो कि रामप्रसाद मेरे बड़े भाई के क्लासफैलो उर्दू स्कूल में रह चुके थे। वे आपस में दोस्त भी थे। वे मेरे भी स्कूलफैलो रह चुके थे, मगर मेरे ताल्लुकात में न थे। चूँकि रामप्रसाद शुरू से ही खासी शख्सियत रखनेवाले इनसान थे और कसरती व होशियार तालिबेइल्म थे, आमतौर पर मशहूर भी थे। मैंने खयाल किया कि रामप्रसाद से मिलो, शायद वहाँ दवा मिल जाए। कोई तस्कीन कल्ब (मन को शांति देनेवाली) सूरत निकल आए। गरज कि एक दिन खन्नौत के किनारे एक जलसा हुआ। रामप्रसाद ने उसमें एक मुख्तसर-सा लेक्चर दिया और शुरू में यह शेर पढ़ा—

बहे बहरे-फना में जल्द यारब लाश 'बिस्मिल' की,
कि भूखी मछलियाँ हैं, जौहरे शमशीरे कातिल की।

जो मुझे अब भी याद है। इसे मैंने कंडेम्ड सेल में मुलाकात के वक्त पढ़ा

था। मैंने भी कुछ कहा था। गरज कि बनारसी ने हम दोनों का इंट्रोडक्शन करा दिया। गो कि इससे कब्ल भी एक दिन में रामप्रसाद से मिला था, मगर वे इतनी सर्द-मेहरी (उदासीनता) से मिले थे कि मुझे बहुत दु:ख हुआ था, जिसकी माफी वह अकसर माँग लिया करते थे।''

अशफाक रामप्रसाद 'बिस्मिल' से मिलने के ख्वाहिशमंद थे और इस बारे में कई बार कोशिश भी की, लेकिन नाकामी ही हाथ लगी। आखिरकार, उनकी मुलाकात हो गई। उनसे प्रभावित होकर रामप्रसाद ने उन्हें अपने क्रांतिकारी संगठन में शामिल कर लिया। अब अशफाक क्रांतिकारी संगठन के सदस्य बन गए थे और इसकी गतिविधियों में बढ़-चढ़कर भाग लेने लगे थे।

□

दोस्ती की मिसाल

अशफाक जब रामप्रसाद 'बिस्मिल' से मिले तो अशफाक को उनके चेहरे पर उदासीनता के भाव दिखाई दिए, लेकिन फिर भी उन्होंने हिम्मत नहीं हारी। आखिरकार उन्हें रामप्रसाद को मनाने में कामयाबी मिल ही गई। रामप्रसाद ने उन्हें बड़े ध्यान से जाँचा-परखा और अपने क्रांतिकारी दल में शामिल कर लिया। इससे अशफाक को बहुत खुशी हुई। उन्हें लगा कि उनके दिल की ख्वाहिश पूरी हो गई।

रामप्रसाद एक पक्के आर्यसमाजी थे, जबकि अशफाक एक पक्के-सच्चे मुसलमान थे। इसके बावजूद उनकी दोस्ती क्रांतिकारी दल के लिए ही नहीं, बल्कि अन्य लोगों के लिए भी एक मिसाल बन गई थी। सबसे बड़ी बात यह थी कि उनका मजहब उनकी दोस्ती के बीच कभी नहीं आया। अपनी आत्मकथा में रामप्रसाद 'बिस्मिल' ने अशफाक के बारे में लिखा—

> "मुझे भली-भाँति याद है कि जब मैं बादशाही ऐलान के बाद शाहजहाँपुर आया था, तो तुमसे स्कूल में भेंट हुई थी। तुम्हारी मुझसे मिलने की बड़ी हार्दिक इच्छा थी। तुमने मुझसे मैनपुरी षड्यंत्र के संबंध में कुछ बातचीत करनी चाही थी। मैं यह समझकर कि एक स्कूल का मुसलमान विद्यार्थी मुझसे इस तरह की बातचीत क्यों करता है, तुम्हारी बातों का उत्तर उपेक्षा की दृष्टि से दिया था। तुम्हें उस समय बड़ा खेद हुआ था। तुम्हारे मुख से हार्दिक भावों का प्रकाश हो रहा था। तुमने अपने इरादे को यूँ ही नहीं छोड़ दिया, बल्कि अपने निश्चय पर डटे रहे।
>
> जिस प्रकार हो सका, कांग्रेस से बातचीत की। अपने इष्ट-मित्रों द्वारा इस बात का विश्वास दिलाने की कोशिश की कि तुम बनावटी आदमी नहीं,

तुम्हारे दिल में मुल्क की खिदमत करने की ख्वाहिश है। अंत में तुम्हारी विजय हुई। तुम्हारी कोशिशों ने मेरे दिल में जगह पैदा कर दी। तुम्हारे बड़े भाई मेरे उर्दू मिडिल के सहपाठी और मित्र थे। यह जानकर मुझे बड़ी प्रसन्नता हुई। थोड़े ही दिनों में तुम मेरे छोटे भाई के समान हो गए, लेकिन छोटे भाई बनकर ही तुम्हें संतोष नहीं हुआ। तुम समानता का अधिकार चाहते थे। तुम मित्रों की श्रेणी में अपनी गणना चाहते थे। वही हुआ। तुम सच्चे मित्र बन गए। सबको आश्चर्य था कि एक कट्टर आर्यसमाजी और मुसलमान का मेल कैसा?

मैं मुसलमानों की शुद्धि करता था। आर्यसमाज मंदिर में मेरा निवास था, किंतु तुम इन बातों की किंचिन्मात्र भी चिंता न करते थे। मेरे कुछ साथी तुम्हारे मुसलमान होने के कारण तुम्हें कुछ घृणा की दृष्टि से देखते थे, किंतु तुम अपने निश्चय में दृढ़ थे। मेरे पास आर्यसमाज मंदिर में आते-जाते थे। हिंदू-मुसलिम झगड़ा होने पर तुम्हारे मुहल्ले के सभी लोग तुम्हें खुल्लम-खुल्ला गालियाँ देते थे। तुम्हें 'काफिर' कहते थे, पर तुम कभी उनके विचारों से सहमत न हुए। सदैव हिंदू-मुसलिम ऐक्य के पक्षपाती रहे।

तुम एक सच्चे मुसलमान और सच्चे स्वदेश-भक्त थे। तुम्हारी ख्वाहिश थी कि खुदा मुसलमानों को अक्ल देता कि वे हिंदुओं के साथ मिलकर हिंदुस्तान की भलाई करते। जब मैं हिंदी में कोई लेख या पुस्तक लिखता तो तुम सदैव यही अनुरोध करते कि उर्दू में क्यों नहीं लिखते, ताकि मुसलमान भी पढ़ सकें? तुमने स्वदेश-भक्त के भावों को भली-भाँति समझने के लिए ही हिंदी का अच्छा अध्ययन किया।

अपने घर पर जब तुम माताजी और भ्राताजी से बातचीत करते थे, तो तुम्हारे मुँह से हिंदी शब्द निकल जाते थे, जिससे सबको बड़ा आश्चर्य होता था। तुम्हारी यह प्रवृत्ति देखकर बहुतों को संदेह होता था कि कहीं इसलाम धर्म त्यागकर शुद्धि न करा लो, पर तुम्हारा हृदय तो किसी प्रकार अशुद्ध न था, फिर शुद्धि तुम किस बात की कराते? तुम्हारी प्रगति ने मेरे हृदय पर पूर्ण विजय पा ली।

बहुधा मित्र मंडली में बात छिड़ती कि कहीं मुसलमान पर विश्वास करके धोखा न खाना। तुम्हारी जीत हुई, मुझमें और तुममें कोई भेद न था। बहुधा मैंने और तुमने एक ही थाली में भोजन किया। मेरे हृदय से यह विचार ही जाता रहा कि हिंदुओं और मुसलमानों में कोई भेद है। तुम मुझ पर अटल

विश्वास और अगाध प्रीति रखते थे। हाँ, तुम मेरा पूरा नाम लेकर नहीं पुकारते थे। तुम तो मुझे सदैव राम कहा करते थे। एक समय जब हृदय-कंप का दौर हुआ, तुम अचेत थे और तुम्हारे मुँह से बार-बार 'राम', 'हाय राम' शब्द निकल रहे थे। पास खड़े हुए भाई-बंधुओं को आश्चर्य था कि 'राम-राम' कहता है। कहते कि 'अल्लाह-अल्लाह' कहो, पर तुम्हारी तो 'राम-राम' की रट थी। उसी समय किसी मित्र का आगमन हुआ, जो 'राम' का भेद जानते थे। तुरंत मुझे बुलाया गया। मुझसे मिलने पर तुम्हें शांति मिली, तब सब लोग 'राम-राम' का रहस्य समझे।

अंत में इस प्रेम, प्रीति तथा मित्रता का परिणाम क्या हुआ? मेरे विचारों के रंग में तुम भी रँग गए। तुम भी एक कट्टर क्रांतिकारी बन गए। अब तो तुम्हारा दिन-रात यही प्रयत्न था कि जिस प्रकार हो मुसलमान नवयुवकों में भी क्रांतिकारी भावों का जन्म हो और वे भी क्रांतिकारी आंदोलन में योग दें। जितने तुम्हारे बंधु तथा मित्र थे, सब पर तुमने अपने विचारों का प्रभाव डालने का प्रयत्न किया। बहुधा क्रांतिकारी सदस्यों को भी बड़ा आश्चर्य होता कि मैंने कैसे एक मुसलमान को क्रांतिकारी दल का प्रतिष्ठित सदस्य बना लिया। मेरे साथ तुमने जो कार्य किए, वे सराहनीय हैं। तुमने कभी भी मेरी आज्ञा की अवहेलना नहीं की। एक आज्ञाकारी भक्त के समान मेरी आज्ञा-पालन में तत्पर रहे। तुम्हारा हृदय बड़ा विशाल था। तुम्हारे विचार बड़े उच्च थे।

मुझे यदि शांति है तो यही कि तुमने संसार में मेरा मुख उज्ज्वल कर दिया। भारत के इतिहास में यह घटना भी उल्लेखनीय हो गई कि अशफाक उल्ला ने क्रांतिकारी आंदोलन में योग दिया। अपने भाई-बंधु तथा संबंधियों के समझाने पर कुछ भी ध्यान न दिया। गिरफ्तार हो जाने पर भी अपने विचारों पर दृढ़ रहे। जैसे तुम शारीरिक बलशाली थे, वैसे ही मानसिक वीर तथा आत्मा से उच्च सिद्ध हुए। इन सबके परिणामस्वरूप अदालत में तुम्हें मेरा सहकारी ठहराया गया और जज ने मुकदमे का फैसला लिखते समय तुम्हारे गले में जयमाला पहना दी।

प्यारे भाई, तुम्हें यह जानकर संतोष होगा कि जिसने अपने माता-पिता की संपत्ति को देश-सेवा में अर्पण करके उन्हें भिखारी बना दिया, जिसने अपने सहोदर के भावी भाग्य को भी देश-सेवा के लिए भेंट चढ़ा दिया, जिसने अपना तन-मन-धन सर्वस्व मातृ-सेवा में अर्पण करके अपना अंतिम

बलिदान भी दे दिया, उसने अपने प्रिय यानी अशफाक को भी उसी मातृभूमि की भेंट चढ़ा दिया।

'असगर' हरीम इश्क में हस्ती ही जुर्म है।
रखना कभी न पाँव यहाँ सर लिए॥''

1918 में प्रथम विश्वयुद्ध समाप्त हो गया, लेकिन इसकी काली छाया ने भारतीयों की आशाओं को धूल-धूसरित कर दिया। इस विश्वयुद्ध में गांधीजी के आह्वान पर भारतीय नवयुवकों ने अंग्रेजों का साथ दिया। गांधीजी को विश्वास था कि इससे अंग्रेज भारतीयों के प्रति उदार होंगे। यही नहीं, उनके अत्याचार भी कम हो जाएँगे, लेकिन अवसरवादी अंग्रेजों ने भारतीयों के साथ धोखा किया।

विश्वयुद्ध की समाप्ति के बाद तो अंग्रेजों की नीतियाँ और भी क्रूर हो उठीं। अंग्रेजों के रवैये में आए और भी कठोरपन से भारतीयों में रोष पैदा हो गया। देश-भर में जगह-जगह प्रदर्शन किए जाने लगे।

भारतीयों की उग्रता से अंग्रेज सरकार चिंतित हो उठी। उसने भारतीयों को कुचलने के लिए 'रौलेट बिल' केंद्रीय असेंबली में पेश किया। इस बिल का देश भर में व्यापक विरोध किया गया, फिर भी सरकार ने यह बिल केंद्रीय असेंबली में पास करा ही लिया।

इस बिल के विरोध स्वरूप पंजाब में विस्फोटक स्थिति पैदा हो गई। पूरा पंजाब प्रांत सरकार-विरोधी नारों से गूँज उठा। इससे प्रांत का लेफ्टिनेंट गवर्नर माइकल ओ. डायर बुरी तरह बौखला उठा। 13 अप्रैल, 1919 को उसने जलियाँवाला बाग में हुई विरोध-सभा में भाग लेने के लिए आए हजारों स्त्री-पुरुषों व बच्चों पर अपनी सैनिक टुकड़ी को गोली चलाने का आदेश दे दिया। सैनिकों ने निरीह भीड़ पर अंधाधुंध गोलियाँ चलाईं। इस हत्याकांड में हजारों लोगों की घटना-स्थल पर ही मौत हो गई और हजारों लोग घायल हो गए।

इस अमानुषिक एवं निर्मम हत्याकांड से पूरा भारत सिहर उठा। इस घटना की देश में ही नहीं, बल्कि विदेशों में भी कड़ी आलोचना की गई। इस संबंध में सर एडविन मांटेग्यू ने जनरल डायर की निंदा करते हुए वायसराय को लिखा—

डायर का आदेश इतना बहशी और अनुचित था कि उससे मेरा क्रोध भड़क उठा है। मैं यह बात स्वीकार नहीं कर सकता कि डायर ने अन्यत्र जो सेवाएँ की हैं, उनके कारण उसकी इस कार्यवाही को माफ कर दिया जाए। मैं

इस बात से बहुत चिंतित हूँ कि यदि उसे यह आदेश देने की कोई सजा नहीं दी गई, तो उसके बहुत गंभीर परिणाम होंगे।''

महात्मा गांधी ने इस निर्मम एवं क्रूर हत्याकांड की निंदा करते हुए असहयोग आंदोलन करने की घोषणा कर दी। जैसे ही कांग्रेस द्वारा असहयोग आंदोलन का कार्यक्रम स्वीकार किया गया, देश के प्रतिष्ठित व्यक्तियों ने अंग्रेज सरकार द्वारा दी गई उपाधियों एवं पदवियों को लौटाना शुरू कर दिया। कविवर रवींद्रनाथ टैगोर ने अंग्रेज सरकार द्वारा दी गई 'सर' की उपाधि लौटाते हुए कहा—

''सरकार द्वारा भारतवासियों को जिस प्रकार अपमानित किया गया है, अब उसे ध्यान में रखते हुए सरकार से मिले सम्मान के तमगे हमारे लिए लज्जा का विषय बन गए हैं। इसी कारण अपने देशवासियों की खातिर मैं अपनी ओर से उन सब विशेष सम्मानों से वंचित होना चाहता हूँ...क्योंकि मेरे देशवासियों को इतना महत्त्वहीन समझा गया और उनसे ऐसा अपमानजनक व्यवहार किया गया, जिसे किसी कभी प्रकार से मानवोचित नहीं कहा जा सकता।''

जब अशफाक को जलियाँवाला बाग हत्याकांड की बात पता चली तो उनका खून खौल उठा। उनकी भुजाएँ अपने प्यारे भारतवासियों की निर्मम हत्या का बदला लेने के लिए फड़कने लगीं। उनके दिल में इस हत्याकांड में मारे गए लोगों के प्रति दर्द उभर उठा, जिसकी झलक उनकी एक गजल में दिखाई देती है—

जोश पर अल्लाह कैसा दीद-ए-खूँरेज है,
अश्क का हर एक कतरा आज तूफाँखेज है।
आतिश-ए-मायूसिए दिल आह कैसी तेज है,
जो नजर के सामने मंजर है गम-अंगेज है।
जिस बिसात-ए-खाक पर मैंने कदम रखा जहाँ,
वह जमीं देने लगी दुख बनके मुझको आसमाँ।
टूटती है, रोज मुझ पर इक बला नागहाँ,
मेरी दुश्मन हो गई बर्क-ए-अहादिस बेगुमाँ।
हूँ गिरफ्तार बला क्या-क्या परेशानी नहीं,
दामन-ए-किस्मत में मेरे तारे आसमानी नहीं।
उफ मेरी तकदीर में आसूदा सामानी नहीं,

कौन-सा गम आज मुझमें दर्द पिनहानी नहीं।
मैं खिजाँ किस्मत मुजस्सिम गम की इक तसवीर हूँ,
बेकसों को यास हूँ बिगड़ी हुई तकदीर हूँ।
नालाह-ए-बेरसा हूँ अहि बेतासीर हूँ,
रास जो आती नहीं अफसोस वह तदवीर हूँ।
शरारा है ये अपने ठंडे अगन में।
नहीं गरचे अब ये हरारत अगन में,
नहीं गरचे अब ये हरारत दिलों में,
वही खून बाकी है लेकिन रगों में
जुनूँ गरचे बाकी नहीं अब सरों में।
मगर आबोगिल है वही हड्डियों में,
लटे भी तो हाथी लटेगा कहाँ तक।
समंदर घटे से घटेगा कहाँ तक?
नहीं गरचे रौनक वो अपने चमन में,
न वो रंग-बू है गुल-ए-यासमन में,
है मुद्दत से यो अपना सूरज गहन में।
मगर खूँ तो है, वो ही अपने बदन में,
बहुत फर्क है मुर्दा दिलों में।
तफावत है बेजान और बिस्मिलों में,
वह स्थान गंगोत्तरी का पवित्तर।
पिथौरा की लाट और उदयपुर के पत्थर,
हिमालय की चोटियाँ सर उठाकर।
इक आवाज से कह रही हैं बराबर,
कि जब तक हैं हम, इन्हें मरने न देंगे।
फना का इन्हें जाम भरने न देंगे॥

□

इत्तिहादी इसलामिक नजरिया

अशफाक एक नेक व सच्चे मुसलमान थे। उनके दिल में अपने मजहब के लिए बेहद मुहब्बत थी। वह अपनी मजहबी बातों का बेहद खयाल रखते थे। इसका मतलब यह नहीं कि वे दूसरे धर्मों से नफरत करते थे। नहीं, वे अपने धर्म की भाँति दूसरे धर्मों का भी आदर करते थे। उनके दिल में इत्तिहादे इसलामी का जज्बा कूट-कूटकर भरा हुआ था। इस बारे में उन्होंने लिखा है—

"जब यूरोप की फिजा पर हिलाल (दूज का चाँद) के इर्द-गिर्द ईसाइयत का तूफान उठ रहा था, जब खिलाफत के झंडे को सरनगूँ (नीचा) करने के लिए यूरोप के तसली-सपरस्त जमा हो रहे थे, जब आले उस्मान (मुसलमान) के कमजोर ने नहीफ (कमजोर-से-कमजोर) बदन के चारों तरफ ईसाई जागो-जगन (कौआ-चील) इकट्ठे हो रहे थे, जब हमारे यूरोपीय चौधरी कभी आरमीनियों को और कभी बुल्गारिया व सर्वियावालों को इटली समान हर्ब (लड़ाई का सामान) पहुँचा-पहुँचाकर इश्ताऑल (क्रोध फैलाना) दे रहे थे कि जो पाओ ले लो, जो न मिले छोड़ो, मासूम तुर्कों का खून तुम्हारे लिए हलाल है।

इटली बढ़कर तरानलुस को हड़प करना चाहता है। बुल्गारिया, सर्विया, थरेस और अदरना, एड्रियानोपल वगैरह-वगैरह दाब बैठे हैं। वहाँ नित नए मजालिम (जुल्म) ढाए जाने लगे हैं। उस वक्त एक दर्दभरी आवाज, दुःख की पुकार, साहिले मगरिब से बुलंद हुई है। दीवारे-जबल (पहाड़ी दीवारों से) से टकराती है, तो उसकी आवाज बाजगरत हिंदुस्तान में सुनाई देती है। वादिए दरियाए नील के मुसलमान ही उससे बेचैन नहीं होते, गंग और जमन

के दुआबे के मुसलमान, कलमागो मुसलमान और निलादे हिंद के कलमा अशहद इनलाइलाह इलल्लाह पढ़नेवाले मुतास्सिर हो जाते हैं।

यह आवाज तो हम जैसी है। लहजा दूसरा है तो वह भी लब्बैक कहते हैं और खुदा के शेर यहाँ भी खड़े हो जाते हैं। अगर वहाँ अनवर व शकरी दस्ते हकपरस्त में तलवार लेकर मैदान में कूद पड़ते हैं, तो इधर भी अहले दिल गरदन में झोलियाँ डालकर दर-दर की भीख माँगते फिरते हैं और रुपए से उनका खजाना पुर कर देते हैं। यूँ बहमी उखवत (आपसी मेल-जोल) और इत्तिहादे इसलाम की बुनियाद पड़ती है और भूला हुआ वादा याद आता है। खोई हुई मंजिल दिखाई पड़ती है, भाई-भाई मिलते हैं। प्रोपेगंडा फैलता है, जिसका असर नौजवान मुसलमानों पर यह पड़ता है कि इटली का माल (जो सख्त तरीन दुश्मन उस वक्त में था) जला दिया जाता है और उसके खिलाफ शोरिश (फसाद) पैदा की जाती है।

तुर्की ख्वातीन की हुब्बुलवतनी, नौजवान तुर्कों की सरफरोशियाँ, तालिबाओं का हिजाब, कॉलेज व स्कूल की कुर्बानियाँ एक नई स्प्रिट पैदा कर देती हैं। मेरी वालिदा जो बाकायदा तालीम हासिल किए हुए थीं, बराबर अखबार की मुस्तकिल खरीदार बन गईं और मैं भी बराबर अखबार पढ़ने लगा। तब मैंने जाना कि मुसलमान और भी कहीं हैं, क्योंकि उस वक्त तक मैं जुगराफिया से नावाकिफ था और महज हिंदुस्तान को ही मुकम्मल दुनिया खयाल करता था; जैसे मेढक कुएँ को तसब्बुर (खयाल) करता है।

चूँकि मैं पठान था और यह कौम आम तौर पर सेंटीमेंटल (जाहिल) खयाल की मानी जाती है। गो कि अब मैं ऐसा नहीं हूँ। मैं इन खयालात में डूब गया और रोजोशब (रात-दिन) इसी दुआ में रहता था कि तुर्क हिंदुस्तान फतेह कर लें और यहाँ बादशाह बन जाएँ, तो हम खलीफए वक्त की रियाया बन जाएँ। अगर अफगानिस्तान ने हुकूमत कर ली तो क्या है, फिर भी हम हक़दार ही हैं।

अंग्रेजों से नफरत पैदा हो गई। मेरा तो यही खयाल था कि यही बानिए फसाद (फसाद की जड़) है और इनकी हुकूमत ही नेस्त व नाबूद होनी चाहिए। यह इस तरह हो कि अफगानिस्तानी या तुर्की हमला कर दें और हम लोग इनसे बगावत कर दें। फिर इनकी सल्तनत दरहम-बरहम हो जाएगी और हम बजाय ईसाइयों के मुसलमानों की रियाया हो जाएँगे। ईसाई सल्तनत खराब व खस्ता हो जाएगी। मुमकिन है ऐसे ही खयाल बाज हिंदुओं में भी

हों। चीन या जापान यहाँ आ जाए तो अच्छा है।

गो कि बंगाल के अंदर उस जमाने में कुर्बानियाँ कुर्बानगाहे वतन पर चढ़ना शुरू हो गई थीं, जिसके किस्से मैं सुना करता था; मगर वैसे ही रंग अमेजी के साथ जैसे हमारे किस्से व हमारे देश के वाकियात दूसरों की जबानों पर आ जाते हैं। गरज कि मेरा उस वक्त का खयाल आज मुझे बहुत जलील मालूम होता है कि हम एक का हलक-ए-गुलामी उतारकर दूसरे की गुलामी का जुआ अपने कंधों पर रखने में मुसर्रत-सी महसूस करते थे। खैर, वह मेरी नासमझी का जमाना था। हाँ, मेरा खयाल उस जमाने में या उसके बाद हिंदुओं के खिलाफ बहुत था और बाद में बहुत हो गया था। चूँकि हमारे करमफरमा एक मास्टर साहब थे, जिनका अगर मैं नाम लिखूँगा तो उन्हें मुफ्त में शर्मिंदगी हासिल होगी। जब मैं गवर्नमेंट स्कूल में पढ़ता था, वह हमेशा हिंदू-मुसलिम बहुत इम्तियाज करते थे। जो मैं अब कहूँगा कि उस्ताद का कमीनापन है। असल में यही लोग मुल्क के दुश्मन हैं, मगर आज मेरा दिल ऐसा ही कुशादा (खुला हुआ) एक हिंदू के लिए भी है; जैसे एक मुसलमान के लिए।

खैर, उस वक्त के लीडर अब भी इत्तियादे इसलामी पर आमिल हैं। गो कि एक हद तक मैं भी उनसे इत्तिफाक रखता हूँ कि भाई समझने में कोई नुकसान नहीं। मदद करना हमारा फर्ज है, क्योंकि हम फैयाज मुल्क के फैयाज बाशिंदे हैं। मगर किसी की हुकूमत अपने ऊपर कुबूल करना हमारी पस्त हिम्मती और बदबख्ती है। यह किसी तरह हमारे शायानेशान (प्रतिष्ठानुसार) नहीं। दुनिया में इंकलाब व तगय्युरात (तब्दीलियाँ) कितनी तेजी से हुआ करते हैं। कल मैं क्या था और आज मैं क्या हूँ? कल मैं तुर्की की हुकूमत अपने ऊपर बायसेसद नाजो इफतिखार और जरियए बख्शीश समझता था और आज बदतरीन जिल्लत।

आज मैं हर विदेशी हुकूमत को बुरा समझता हूँ और साथ-ही-साथ हिंदुस्तान की ऐसी जम्हूरी सल्तनत को भी, जिसमें कमजोरों का हक हक न समझा जाए या हुकूमत के सरमायादारों और जमींदारों के दिमागों का नतीजा हो या बाहम इम्तियाज व तफरीक (फर्क) रखकर हुकूमत के कवानीन बनाए जाएँ। मैं तो कहूँगा कि अगर हिंदुस्तान आजाद हुआ और बजाय हमारे गोरे आकाओं के हमारे वतनी भाई सल्तनत व हुकूमत की बागडोर अपने हाथ में ले लें और तफरीकोतमीज—अमीर व गरीब, जमींदार व काश्तकार में रहें, तो ऐ खुदा मुझे ऐसी आजादी उस वक्त तक न देना, जब तक मेरी मखलूक में

मसावात (बराबरी) न पैदा हो जाए।

मेरे इन खयालात से मुझे इश्तिराकी (कम्युनिस्ट) समझा जाए, तो मुझे इसकी फिक्र नहीं, मेरा खुदा पर भरोसा है। उसे मानता हूँ। वह सबको एक ही सूरत में पैदा करता है और एक ही सूरत पर मारता है। उसके ख्वानेकरम से सबको खाने के लिए मिलता है। बदमाश बदमाशी से, लुटेरा लूट से, जालिम जुल्म से अपना पेट पालते हैं, वकील मुवक्किलों से, जमींदार काश्तकारों से, सरमायादार मजदूरों से जोंक की तरह चिपटकर उनका खून चूसते हैं। वे कमजोर हैं, इसलिए लुट जाते हैं।

ये सब कानून खुदाबंदी के खिलाफ हैं। इसका खात्मा करना निहायत जरूरी है और उसके खिलाफ जंग जरूरी है। गरज कि मेरा मकसद जल्द यह मुख्तसर नोट लिखना है। देखिए, कल क्या होगा, अपनी राय, अगर मौका मिला, तो बाद में लिखूँगा। अच्छा, मैं इत्तिहादे इसलामी, पैन इसलामिस्ट एक जमाने तक रहा, मगर यह जमाना वह था जब मुझे जिंदगी का शऊर (अक्ल) हासिल नहीं हुआ था। यह जमाना उस जमाने के करीब का है, जब खुदीराम बोस और कन्हैयालाल दत्त ने अपनी कुर्बानी से बंगाल को हिला दिया था और जिससे तमाम हिंदुस्तान काँप उठा था।

कभी-कभी कहानियाँ सुनने में आती थीं और बंगाली बमों का हाल सुनते थे, तो दिल में ख्वाहिश पैदा होती थी कि हम भी ऐसे होते। मगर यह मालूम न था कि एक दिन हम भी कन्हैयालाल दत्त और खुदीराम बोस की तरह फाँसी की कोठरी में बंद होंगे और हमारा तजकरा भी तुल्बा में उसी तरह होगा; जैसे हम लोग उनके जिक्र किया करते थे। फिर क्या मालूम कि हमारा जिक्र करने वाले भी इस तरह एक कोठरी को आबाद करें।

एक दिन मैं स्कूल जा रहा था कि एकाएक सुना कि दिल्ली में वायसराय बहादुर पर किसी ने बम फेंक दिया और स्कूल बंद हो गया; फिर तो खुशी की इंतहा न रही। चलो, एक पंथ दो काज, छुट्टी मिली और एक नया वाकया भी जहूर में आ गया। फिर तो बाजारों में गप्पें खूब सुनीं। ... आप महात्मा रासबिहारी बोस की कैफियत से बखूबी वाकिफ होंगे। मैं भी वाकियात समझने के काबिल था और वह जगह भी देखी, जहाँ पर वह अय्यामे फरारी में रहते थे। खैर, वह कामयाब बाहर निकल गए। हम कोठरी में बंद हैं।''

जब कभी अशफाक तन्हा होते, तो कुछ खट्टी-मीठी यादें उनके अंतर्मन को

घेरने लगतीं। इस तरह से तन्हा यादें ही गजल का रूप ले लेतीं—

"नहीं है अपनी हालत बताने के काबिल,
नहीं माजरा ये सुनाने के काबिल।
जुबाँ तक नहीं हम हिलाने के काबिल,
बुजुर्गों का किस मुँह से हम राग गाएँ?
जब इक गुन भी उनका न अपने में पाएँ,
किसी को नहीं मुँह दिखाने के काबिल।
चमन में खिजाँ अपने इठला रही है,
कयामत गुलों-गुंचों पर आ रही है।
जमीं चर्ख बनकर सितम ढा रही है,
सुनो रो के बुलबुल ये गा रही है।
कभी खार था इसके बाग-ए-अदन को,
नजर हाय, किसकी लगी इस चमन को?
कभी यों न उजड़ा था मसकन किसी का,
न यों जल गया होगा खिरमन किसी का।
हरदयाल आता है, यूरोप से न पाल आता है,
दिल में रह-रह के बस इतना खयाल आता है।
भरने जाते हैं कहीं उम्र के पैमाने को,
हिंद को छोड़ते हैं रज'ओ अलम खाने को।"

अशफाक अपने देश और देशवासियों से अगाध प्रेम करते थे। उनका हमेशा यही प्रयास रहा कि हिंदू-मुसलिम ऐक्य बना रहे। उन्होंने हमेशा संप्रदायवाद का घोर विरोध किया। जब शाहजहाँपुर में हिंदू-मुसलिम दंगे भड़क उठे तो इससे अशफ़ाक का हृदय व्यथित हो उठा। जब कभी उनके सामने ऐसी स्थिति पैदा हो जाती, तो दर्द में डूबी उनकी भावनाएँ गजल के रूप में बाहर निकल पड़तीं—

"बहार आई हुई शोरिश जुनूने फितना समाँ की,
इलाही खैर करना तू मेरे जेबों-गरीबाँ की।
सही जजबाते हुर्रियत कहीं मेरे से मिटते हैं,
अबस हैं धमकियाँ दारोरसन की और जिंदा की।
वह गुलशन जो कभी आजाद था गुजरे जमाने में,

मैं शाख-ए-खुश्क हूँ हाँ-हाँ उसी उजड़े गुलिश्ताँ की।
नहीं तुमसे शिकायत हमसफीराने चमन मुझको,
मेरी तकदीर में था कफस और कैद जिंदा की।
करो जब्ते मुहब्बत गर तुम्हें दावाए-उल्फत है,
खामोशी साफ बतलाती है ये तसवीरे जानाँ की
यूँ ही लिखा किस्मत में चमन पैराए आलम ने
कि फस्ले गुल में गुलशन छूटकर है कैद जिंदा की।
जमीं दुश्मन जमाँ दुश्मन जो अपने थे पराए हैं,
सुनोगे दास्ताँ क्या तुम मेरे हाले-परीशाँ की।
ये झगड़े और बखेड़े मेटकर आपस में मिल जाओ,
ये तफरीके अगस है तुममें हिंदू और मुसलमाँ की।
सभी सामाने इशरत थे मजे से अपनी कटती थी,
वतन के इश्क ने मुझको हवा खिलवाई जिंदा की।
खुदा वाकिफ है जैसी भी गुजरती है, गुजरती है,
सुनोगे दास्ताँ क्या यार, तुम बीमार-ए-हिजराँ की।
मिसाल-ए-कैस दीवाना किसी लैला की खातिर में,
महीनों ठोकरें आया किया कोहो बियाबाँ की।
बहमदल्ला चमक उठा सितारा मेरी किस्मत का,
कि तकलीद-ए-हकीकी की अता शाह-ए-शहीदाँ की।
इधर खौफ-ए-खिजाँ है आशिया का डर उधर दिल को,
हमें यकसाँ है तफरीह-ए-चमन कैद और जिंदा की।
जिबहसाई दर-ए-तज़रत की हसरत अपना ईमाँ है,
मुबारक हजरत कासे ख्वाहिश बाग-ए-रिजवाँ की।''

अशफाक के भीतर देश-भक्ति की भावना ने रामप्रसाद 'बिस्मिल' को अपना प्रिय बना दिया था। उनके देशहित जैसे विचारों ने उन्हें क्रांतिकारी दल में उच्च कोटि के क्रांतिकारियों की श्रेणी में स्थापित कर दिया था।

□

डकैती का फैसला

क्रांतिकारी दल को मजबूत बनाने के लिए रामप्रसाद 'बिस्मिल' ने आगरा, मेरठ, मैनपुरी और बरेली के अलावा अन्य शहरों का दौरा किया। उनके इस कार्य में योगेश दा ने उनकी बहुत मदद की। मैनपुरी षड्यंत्र के बाद कोई भी उनसे बातचीत करने के लिए राजी नहीं था, लेकिन रामप्रसाद ने अपने अथक प्रयासों से अपने सभी पुराने साथियों को विश्वास में लिया। इससे उनके पुराने क्रांतिकारी मित्र व नए-नए लोग भी साथ जुड़ने लगे।

क्रांतिकारी दल का कार्य सही चलता देख शचींद्रनाथ सान्याल ने 'दि रिवोल्यूशनरी' नाम से एक पत्र प्रकाशित कराया, जिसे 28 से 31 जनवरी के मध्य देश के कई मुख्य नगरों में वितरित किया गया। इस पत्र के प्रचार-प्रसार की जिम्मेदारी रामप्रसाद के कंधों पर थी, जिसका उन्होंने बखूबी निर्वाह किया। सरकार इस पत्र के व्यापक पैमाने पर किए गए सफल प्रचार-प्रसार व वितरण से आश्चर्यचकित थी। उसने बहुत प्रयास भी किए कि पता लगाया जाए कि इस सारी योजना के कर्ता-धर्ता कौन हैं, लेकिन वह असफल रही।

'दि रिवोल्यूशनरी' नामक इस पर्चे में लिखा था—

"दि रिवोल्यूशनरी— दि रिवोल्यूशनरी पार्टी ऑफ इंडिया का एक संगठन।

उथल-पुथल में से ही नया सितारा उगता है। पीड़ा तथा कष्ट में ही नए जीवन का जन्म होता है। भारत का भी नया जन्म हो रहा है और वह उसी अवश्यंभावी काल से गुजर रहा है, जब उथल-पुथल और पीड़ा की भी अपनी निश्चित भूमिका रहेगी, जब सारी गणनाएँ गलत साबित हो जाएँगी, चालाक और शक्तिशाली लोग सीधे-सादे और कमजोर लोगों के सामने

अचंभित हो जाएँगे, जब महान् साम्राज्य ढह जाएगा और उसकी जगह नए राष्ट्रों का उदय होगा जो अपने निजी वैभव और तेज से मानव मात्र को चकित कर देंगे। नौजवान भारतवासियो, अपने भ्रम को उतार फेंको और साहस के साथ असलियत का सामना करो। संघर्षों, कठिनाइयों और त्याग से हिचको मत। अब और शांतिपूर्ण तथा कानूनी तरीके से भारत को आजादी मिलने से रही...विदेशियों को भारत पर शासन करने का कोई अधिकार नहीं है। अत: उनकी सत्ता अस्वीकार की जानी चाहिए और उन्हें भारत के खदेड़ देना चाहिए।

भारत के क्रांतिकारी न तो आतंकवादी हैं और न अराजकतावादी। उनका उद्‌देश्य मातृभूमि पर अराजकता फैलाना नहीं है। अत: उन्हें किसी भी तरह अराजकतावादी नहीं कहा जा सकता। आतंक उनका उद्‌देश्य नहीं है, उन्हें कभी आतंकवादी नहीं कहा जा सकता। यद्यपि वे इस समय आतंक का प्रयोग विरोध के अत्यंत प्रभावशाली साधन के रूप में कर रहे हैं, लेकिन उनका आतंक सिर्फ आतंक के लिए नहीं है और न ही वे यह मानते हैं कि आजादी सिर्फ आतंक से मिल सकती है...क्रांतिकारी इसे कभी नहीं भूलेंगे कि किसी भी राष्ट्र का निर्माण उन हजारों अनचीन्हे देशवासियों के बलिदान से होता है, जो अपने सुख, स्वार्थ, जीवन और अपने प्रियजनों के जीवन से अधिक अपने राष्ट्र के हित की परवाह करते हैं।

विजय कुमार
अध्यक्ष
केंद्रीय समिति,
हिंदुस्तान रिपब्लिकन पार्टी''

गुप्त नाम से निकाले गए इस पत्र ने पूरे देश में खलबली मचा दी। सरकार का ध्यान फिर से क्रांतिकारियों की ओर गया और अंतत: यह स्पष्ट हो गया कि क्रांतिकारी संगठन, जो एक समय निर्जीव अवस्था में पहुँच गया था, पुनर्जीवित हो गया है।

इस तरह पत्र की अपेक्षित सफलता से उत्साहित होकर शचींद्रनाथ ने बंगाल से एक और पत्र 'देशवासिर प्रति निवेदन' भी निकला।

क्रांतिकारी पत्रों के उद्‌देश्यों को स्पष्ट करते हुए मन्मथनाथ गुप्त ने लिखा—

"हम लोग पार्टी में लोगों की भर्ती के लिए किस प्रकार के साहित्य का उपयोग करते थे, इन मामलों में शचींद्र बाबू बहुत ही अप-टू-डेट थे। समाजवादी दलों के बहुत पहले ही उन्होंने पुस्तकों और विषयों की एक सूची प्रकाशित कर दी थी, जिसके अनुसार क्रांतिकारियों को अध्ययन करना चाहिए। इस सूची में गैरीबाल्डी, मैजिनी और डि वेलेश संबंधी बहुत-सी पुस्तकों का नाम था। कुछ रूस के संबंध में भी साहित्य था, लेकिन मुझे स्मरण नहीं कि वह क्या साहित्य था।

मुझे स्मरण है कि मैंने पार्टी के प्रचार कार्य के लिए हिंदी में भी रूस पर कई पुस्तकें खरीदी थीं। एक पुस्तक 'रूस की राज्यक्रांति' थी। यह पुस्तक जब्त नहीं थी, लेकिन जब मैं बाद में गिरफ्तार हुआ, तब पुलिस यह पुस्तक तलाशी में उठा ले गई। उन दिनों हमने कीरक्रप लिखित 'हिस्ट्री ऑफ सोशलिज्म' पढ़ी थी। मैं समझता हूँ कि उन दिनों भारत में मिलने वाली यह एकमात्र पुस्तक थी, जिसमें समाजवाद का इतिहास वर्णित था। कहाँ तक हमने इस पुस्तक को समझा था, यह मैं नहीं बता सकता।

खैर, इतना तो स्पष्ट है कि हमने वर्ग-संघर्ष को बिलकुल ही नहीं समझा था। हम समाजवाद को धनी तथा गरीब के बीच लड़ाई के रूप में समझते थे। इसी प्रकार रूसी क्रांति के इतिहास को पढ़ते हुए हम बोल्शेविकों और नार्डनिकों में कोई फर्क नहीं देखते थे। जार की हत्या के प्रयत्न, सर्वहारा वर्ग द्वारा की गई हड़तालें, लेनिन और ट्राटस्की की कार्यवाहियाँ— ये सब हमें एक साथ पिरोई हुई चीजों के रूप में ज्ञात होती थीं। हम डि वेलरा, डानब्रिन, गैरीबाल्डी, मैजिनी, कमालपाशा, सनयात सेन तथा लेनिन में कोई प्रभेद नहीं देख पाते थे। हमारे लिए से सब वीर तथा देशभक्त थे। उन दिनों हम वर्गों के संबंध में कुछ नहीं समझते थे, इसलिए हम लेनिन और डि वेलरा में फर्क करते तो क्या करते। हमने मार्क्स का भी नाम एक स्पष्ट और दूर के व्यक्ति के रूप में सुन रखा था, किंतु मैं बहुत दिनों तक यह समझ नहीं पाया कि इस व्यक्ति को इन वीरों के साथ स्थान कैसे दिया जा सकता है। उन दिनों वे हमें एक कुरूप हृदय वृद्ध भद्र व्यक्ति के रूप में लगते थे, जो सर्वहारा वर्ग के कष्टों को देखकर उनकी ओर परोपकारी दृष्टि से झुक गए थे। उनकी लंबी दाढ़ी तथा उनकी आँखें हमें सम्मान करने के लिए विवश करती थीं, लेकिन यह सम्मान उस सम्मान से भिन्न नहीं था, जो हममें रवींद्रनाथ के प्रति उत्पन्न होता था।

इन साहित्यों के साथ-साथ हम खुदीराम, यतींद्र मुखर्जी, कन्हाईलाल आदि की जीवनियाँ भी पढ़ते थे। ये सारी पुस्तकें जब्त थीं। अतः इन पुस्तकों को पढ़ने के साथ एक बहुत ही मोहक आकर्षण संयुक्त हो जाता था। जहाँ तक इन पुस्तकों के साहित्यिक मूल्य की बात है, मैं समझता हूँ कि इन पुस्तकों का मूल्य बहुत कम था। फिर भी इन पुस्तकों में जो तथ्य संग्रहीत थे, उनका अपना ही एक आवेदन होता था।

इस संबंध में श्री मोतीलाल राय द्वारा लिखित 'कन्हैयालाल' पुस्तक अपवाद स्वरूप थी। इस पुस्तक का साहित्यिक मूल्य बहुत ही अधिक था। जो इस पुस्तक को पढ़ता था, वह बिना रोए, बिना अश्रु बहाए रह नहीं सकता था। अलीपुर षड्यंत्र में कन्हैयालाल एक अभियुक्त थे। उन्होंने जेल में एक रिवॉल्वर मँगा लिया और अपने मुकदमे के मुखबिर नरेंद्र गोस्वामी को मार डाला। बाद में उन्हें फाँसी की सजा दी गई। इन फाँसियों की कहानी से हम घबराते नहीं थे, बल्कि हम लोगों में यह इच्छा होती थी कि इनके कृत्यों का अनुसरण करें। दुर्भाग्य से यह सारा साहित्य बाँग्ला में था। उसे हिंदीभाषी क्षेत्रों में प्रचार कार्य के लिए इस्तेमाल नहीं कर सकते थे। इन पुस्तकों और बंदी जीवन के अतिरिक्त बाँग्ला में कुछ छूटे हुए क्रांतिकारियों की आत्मकथाएँ भी प्राप्त थीं। उन्हें पढ़कर हम जेल-जीवन के विषय में कुछ-कुछ जान रहे थे और यह भी समझ रहे थे कि इन परिस्थितियों के लिए तैयार रहना चाहिए।

हाँ, इस संबंध में हम यह बताना भूल गए कि इस युग में डोगे द्वारा बंबई से प्रकाशित 'सोशलिस्ट' नामक अखबार की कुछ प्रतियाँ हमें मिल जाती थीं। इसी युग में सत्यभक्त नाम के एक व्यक्ति ने भारतवर्ष में समाजवादी (कम्यूनिस्ट) दल की स्थापना की चेष्टा की। इस पार्टी की सदस्य संख्या 80 तक पहुँच गई थी, लेकिन हमें यह नहीं मालूम कि क्यों यह पार्टी एकाएक खत्म हो गई। यह पार्टी कमोबेश एक परोपकारी सभा के रूप में थी।

थोड़े में यह वह वातावरण था, जिसमें हम सन् 1923 से लेकर 1925 तक अर्थात् हमारी गिरफ्तारी के समय तक परिपालित हुए और ये वे विचार थे, जिनसे हमने रस ग्रहण किया। पहले ही मैं बता चुका हूँ कि हम उस युग में समाजवादी नहीं थे, साथ ही समाजवाद की ओर भी रुख बहुत स्पष्ट था। क्रांति के संबंध में हमारी अवधारणा ब्लाकीवादी थी। किस प्रकार की सरकार

स्थापित होगी, इस संबंध में हमारी अवधारणा राष्ट्रीय लोकतांत्रिक थी, जिसमें प्रत्येक व्यक्ति को वोट का अधिकार रहेगा।

हम जिस प्रकार का स्वप्न देखते थे, वह स्वशासित राष्ट्रों का एक संघ होने वाला था। संघ-प्रजातंत्र की बात हमारे दल के विधान में उल्लिखित थी। हम स्वदेशी और विदेशी वस्तुओं, विशेषकर विदेशी वस्त्रों के बायकॉट में विश्वास रखते थे। हमारे रोजमर्रा के जीवन में उन दिनों हमारा झुकाव तपस्या की ओर था। विलासिता से हम कोसों दूर भागते हैं। मैं यह नहीं जानता कि इस संबंध में मनोवैज्ञानिक क्या कहेंगे, किंतु हम राष्ट्र के शासक तथा नेता बनने के बजाय फाँसीघर का ही स्वप्न देखा करते थे।''

क्रांतिकारी दल को सुचारु रूप से चलाने के लिए धन की आवश्यकता थी। धनाभाव के कारण दल आर्थिक समस्या से जूझने लगा। दल की खराब आर्थिक दशा के संबंध में रामप्रसाद 'बिस्मिल' ने लिखा—

''हम सब पर कुछ-न-कुछ कर्ज हो गया था। किसी के पास साबुत कपड़े तक न थे। कुछ विद्यार्थी बनकर धर्मक्षेत्रों तक में भोजन कर आते थे। चार-पाँच ने अपने-अपने केंद्र त्याग दिए। पाँच सौ से अधिक रुपए मैं कर्ज लेकर व्यय कर चुका था। यह दुर्दशा देखकर मुझे बहुत कष्ट होने लगा। मुझसे भी भरपेट भोजन न किया जाता था। सहायता के लिए कुछ सहानुभूति रखनेवालों के द्वार खटखटाए, किंतु कोरा उत्तर मिला। मैं किंकर्तव्यविमूढ़ था। कुछ समझ में न आता था। कोमल हृदय नवयुवक मेरे चारों ओर बैठकर कहा करते— 'पंडित जी, अब क्या करें?' मैं उनके सूखे-सूखे मुख देखकर रो पड़ता कि स्वदेश सेवा का व्रत लेने के कारण फकीरों से भी बुरी दशा हो रही है।

एक-एक कुर्ता तथा धोती भी ऐसी नहीं थी, जो साबुत होती। लँगोटा बाँधकर दिन व्यतीत करते थे। अँगोछे पहनकर नहाते थे। एक समय क्षेत्र में भोजन करते थे। एक समय दो-दो पैसे के सत्तू खाते थे। मैं पंद्रह वर्ष से एक समय दूध पीता था। इन लोगों की यह दशा देखकर मुझे दूध पीने का साहस न होता था। मैं भी सबके साथ बैठकर सत्तू लेता था। मैंने विचार किया कि इतने नवयुवकों का जीवन नष्ट करके उन्हें कहाँ भेजा जाए। जब समिति का सदस्य बनाया था, तो लोगों ने बड़ी-बड़ी आशाएँ बँधाई थीं। कइयों का पढ़ना-लिखना छुड़ाकर काम में लगा दिया था। पहले से मुझे यह हालत मालूम होती, तो मैं कदाचित् इस प्रकार की समिति में योग न देता। बुरा फँसा।

क्या करूँ, कुछ समझ में नहीं आता था? अंत में धैर्य धारण कर दृढ़तापूर्वक कार्य करने का निश्चय किया।''

क्रांतिकारी दल को आर्थिक रूप से सुदृढ़ करने के उद्‌देश्य से रामप्रसाद 'बिस्मिल' ने एक बैठक बुलाई। अंततः इस बैठक में सर्वसम्मति से यह निर्णय लिया गया कि धन की कमी को पूरा करने के लिए डकैती डाली जाए।

सभी क्रांतिकारियों ने एक साहूकार के घर डकैती डालने का निर्णय लिया। साहूकार ने जालसाजी और धोखाधड़ी करके लोगों की जमीने व गहने-आभूषण हड़पकर बहुत सारा धन एकत्रित कर लिया था। अतः योजना बनाकर क्रांतिकारियों ने साहूकार के घर डकैती डाली।

डकैती के दौरान क्रांतिकारियों के हाथ सोने-चाँदी के आभूषण व सिक्के लगे। क्रांतिकारियों के लिए इस तरह डकैती डालकर धन का प्रबंध करना कोई ज्यादा कठिन कार्य नहीं था, लेकिन इस प्रकार की डकैतियों से शीघ्र ही क्रांतिकारी उकता गए। इसका कारण यह था कि जब क्रांतिकारी डकैती के बाद फरार होते थे और कहीं लोगों से उनकी मुठभेड़ हो जाती थी, तो वे सीधे गोली चलाने से हिचकिचाते नहीं थे, जिससे व्यक्ति घायल हो जाता या कभी मर भी जाता था। अतः अपने ही देशवासियों को इस तरह सताना क्रांतिकारियों को उचित नहीं लगा और उन्होंने डकैती डालने का कोई और रास्ता अपनाने का फैसला किया।

सभी क्रांतिकारियों के बीच सर्वसम्मति से यह फैसला लिया गया कि अब जो भी डकैती डाली जाएगी, वह सरकारी संपत्ति को निशाना बनाकर ही डाली जाएगी। इस तरह अपने क्रांतिकारी साथियों की बात ध्यान में रखते हुए रामप्रसाद 'बिस्मिल' योजना बनाने लगे।

एक दिन वे ट्रेन में यात्रा कर रहे थे। उन्होंने देखा कि स्टेशन मास्टर ने टिकटों की बिक्री से मिली रकम एक संदूक में डाल दी। इसके बाद वह वहाँ से चला गया। यह देखकर रामप्रसाद ने सोचा कि क्यों न सरकारी खजाना लूटा जाए। इस संबंध में उन्होंने 'आत्मकथा' में लिखा है—

''रुपयों का प्रबंध करना बहुत आवश्यक था, किंतु वह हो कैसे? क्रांतिकारियों को कोई दान न देता था, कर्ज भी न मिलता था। और कोई उपाय न देख डाका डालना तय हुआ, किंतु किसी व्यक्ति विशेष की संपत्ति पर डाका न डाला जाए, यह विचार किया गया। सोचा, यदि लूटना ही है, तो सरकारी माल क्यों न लूटा जाए?

इसी उधेड़बुन में एक दिन मैं रेल में सफर कर रहा था। गार्ड के डब्बे के पास गाड़ी में बैठा था। स्टेशन मास्टर एक थैली ले आया और गार्ड के डब्बे में डाल गया। कुछ खटपट की आवाज हुई। मैंने उतरकर देखा कि एक लोहे का संदूक रखा है। विचार किया कि इसी में थैली डाली होगी। अगले स्टेशन पर उसमें एक अन्य थैली डालते देखा। अनुमान लगाया कि लोहे का संदूक गार्ड के डब्बे में जंजीर से बँधा रहता होगा। आवश्यकता पड़ने पर ताला खोलकर उतार लेते होंगे।

इस घटना के थोड़े दिनों बाद ही लखनऊ स्टेशन पर जाने का अवसर प्राप्त हुआ। देखा कि एक गाड़ी में से कुली आमदनी वाला लोहे का संदूक उतार रहे हैं। निरीक्षण करने से मालूम हुआ कि उसमें जंजीर या ताला कुछ नहीं पड़ता, यूँ ही रखे जाते हैं। उसी समय निश्चय किया कि इसी पर हाथ मारूँगा।

उसी समय से धुन सवार हुई। तुरंत निर्धारित स्थान जा, टाइम-टेबल देखकर अनुमान लगाया कि सहारनपुर से गाड़ी चलती है, लखनऊ तक अवश्य ही दस हजार तक की आमदनी रोज होती होगी। सभी जानकारियाँ हासिल करके कार्यकर्ताओं को इकट्ठा किया। दस नवयुवकों के साथ विचार-विमर्श किया कि किसी छोटे से स्टेशन पर गाड़ी खड़ी हो और स्टेशन के तारघर पर अधिकार कर लें, फिर गाड़ी का संदूक उतारकर तोड़ डालें। जो कुछ मिले, उसे लेकर चल दें, परंतु इस कार्य में कार्यकर्ताओं की अधिक आवश्यकता थी। इसी कारण यही निश्चय किया गया कि गाड़ी की जंजीर खींचकर चलती गाड़ी को खड़ा करके तब लूटा जाए।"

रामप्रसाद 'बिस्मिल' की इस योजना का दल के सभी सदस्यों ने समर्थन किया, हालाँकि अशफाक ने इसका विरोध किया। इस बारे में उनका मानना था कि इस तरह की डकैती डालने के लिए अभी हमारा दल मजबूत नहीं है। यदि हम सरकार से सीधे टक्कर लेंगे, तो इससे हमें भारी मुसीबतों का सामना करना पड़ सकता है। अशफाक इस डकैती के खिलाफ थे, लेकिन दल में बहुमत को देखते हुए उन्हें भी अपनी ओर से हाँ करनी पड़ी। इस तरह 9 अगस्त, 1925 को सोची-समझी रणनीति के तहत ट्रेन में डकैती डालने का फैसला किया गया।

□

काकोरी षड्यंत्र

9 अगस्त, 1925 को हथियारों और छैनी-हथौड़े लेकर क्रांतिकारी योजनानुसार ट्रेन डकैती के लिए निकल पड़े। रामप्रसाद 'बिस्मिल' के नेतृत्व में चंद्रशेखर 'आजाद', मुकुंदीलाल गुप्ता, मन्मथनाथ गुप्त, केशव चक्रवर्ती, बनवारी लाल और मुरारी लाल अपनी-अपनी जिम्मेदारियों के साथ शाहजहाँपुर से ट्रेन के अलग-अलग डब्बों में चढ़ गए। अशफाक के नेतृत्व में शचींद्रनाथ बख्शी और राजेंद्रनाथ लाहिड़ी द्वितीय श्रेणी के डब्बे में सवार थे। इनकी जिम्मेदारी यह थी कि वे तयशुदा स्थान पर ट्रेन की जंजीर खींचेंगे।

जब ट्रेन काकोरी के निकट पहुँची तो द्वितीय श्रेणी के डब्बे में बैठे क्रांतिकारियों ने ट्रेन की जंजीर खींच दी, जिससे ट्रेन कुछ दूर तक घिसटते हुए रुक गई। जैसे ही ट्रेन रुकी, सभी क्रांतिकारी ट्रेन से नीचे कूद पड़े। इसी बीच गार्ड दौड़कर यह मालूम करने के लिए आया कि आखिर ट्रेन क्यों रोकी गई। जब वह द्वितीय श्रेणी के डब्बे के निकट आया, तो एक क्रांतिकारी ने उस पर बंदूक तान दी और उसे समझाते हुए कहा कि अपनी सलामती के लिए वह जमीन पर लेट जाए। इस तरह गार्ड बिना कुछ कहे ही जमीन पर पेट के बल लेट गया।

इसके बाद क्रांतिकारियों ने यात्रियों को चेतावनी देते हुए कहा कि कोई भी अपनी जगह से न हिले, अन्यथा उसे सीधे गोली मार दी जाएगी। यात्रियों को डराने के उद्देश्य से क्रांतिकारियों ने हवा में फायरिंग भी की, जिससे यात्रियों को लगा कि सच में ये क्रांतिकारी कुछ भी कदम उठा सकते हैं। उनकी इस तरह हवा में फायरिंग करने का यात्रियों पर ऐसा प्रभाव पड़ा कि उन्होंने अपनी-अपनी खिड़कियाँ बंद कर लीं।

अब क्रांतिकारियों ने निश्चिंत होकर लोहे का वह भारी-भरकम संदूक ट्रेन से नीचे उतार लिया, जिसमें रकम रखी गई थी। वे संदूक में लगे भारी ताले को छैनी-हथौड़े से तोड़ने का प्रयास करनें लगे, लेकिन लाख प्रयास के बावजूद वह ताला न टूटा। अंत में बलिष्ठ भुजाओंवाले अशफाक ने कुल्हाड़ा लेकर ताले पर जोरदार प्रहार करने आरंभ कर दिए। इससे उस संदूक में काफी बड़ा छेद हो गया। क्रांतिकारियों ने आव देखा न ताव, उस छेद में से ही सारी रकम निकालकर एक गठरी में बाँध ली। इस तरह जल्दी-जल्दी डकैती का काम निबटाकर क्रांतिकारी वहाँ से लखनऊ की ओर भाग खड़े हुए।

रामप्रसाद 'बिस्मिल' ने अपनी 'आत्मकथा' में इस घटना का वर्णन करते हुए लिखा है—

''सभी लोग ट्रेन में सवार थे। गाड़ी खड़ी होने पर सब उतरकर डब्बे के पास पहुँच गए। लोहे का संदूक उतरवाकर छैनियों से काटना चाहा, लेकिन छैनियों ने काम न किया, तब कुल्हाड़ा चला।

मुसाफिरों से कह दिया गया कि सब गाड़ी में चढ़ जाओ। गाड़ी का गार्ड गाड़ी में चढ़ना चाहता था, पर उसे जमीन पर लेट जाने की आज्ञा दी, ताकि बिना गार्ड के गाड़ी न जा सके। दो आदमियों (क्रांतिकारियों) को नियुक्त किया गया कि वे लाइन की पगडंडियों को छोड़कर पास में खड़े होकर गाड़ी से सटे हुए गोलियाँ चलाते रहें।

एक सज्जन (क्रांतिकारी) गार्ड के डब्बे से उतरे। उनके पास माउजर भी था। विचार किया कि ऐसा शुभ अवसर जाने कब हाथ आए, माउजर काहे को चलाने को मिलेगा? उमंग जो आई, सीधा करके गोली दागने लगे। मैंने जो देखा तो डाँटा। गोली चलाने की उनकी ड्यूटी ही न थी, फिर यदि कोई यात्री कुतूहलवश सिर बाहर निकालकर देखने लगे, तो गोली जरूर उसे लग जाए।

हुआ भी कुछ ऐसा ही। एक व्यक्ति डब्बे से उतरकर अपनी स्त्री के पास जा रहा था। मेरा खयाल है कि इन्हीं महाशय की गोली उसे लग गई। जिस समय वह महाशय संदूक नीचे डालकर गार्ड के डब्बे से उतरे, केवल दो-तीन फायर हुए थे। उसी समय स्त्री ने शोर मचा दिया होगा, जिसे सुनकर उसका पति उसके पास जा रहा था, जो उक्त महाशय की उमंग का शिकार हुआ।

मैंने यथाशक्ति पूर्ण प्रबंध किया था कि जब तक कोई बंदूक लेकर सामना करने न आए या मुकाबले में गोली न चले, तब तक किसी आदमी पर फायर न किया जाए। मैं मानव-हत्या कराके डकैती को भीषण रूप नहीं देना चाहता था। फिर भी मेरा कहना न मानकर, अपना काम छोड़कर गोली चला देने का यह परिणाम हुआ। मैंने गोली चला देने की ड्यूटी जिन्हें दी थी, वे बड़े दक्ष और अनुभवी थे। उनसे भूल होना असंभव है। उन लोगों को मैंने देखा कि वे अपने स्थान से हर पाँच मिनट बाद फायर करते थे, यही मेरा आदेश था।

*संदूक तोड़कर तीन गठरियों में थैलियाँ बाँधीं। सबसे कई बार कहा—'देख लो, यहाँ कोई सामान तो नहीं छूट गया।'*इस पर भी एक महाशय वहाँ अपनी चादर छोड़ आए। रास्ते में थैलियों से रुपया निकालकर गठरियाँ बाँधीं और उसी समय लखनऊ जा पहुँचे। किसी ने पूछा भी नहीं, कौन हो और कहाँ से आए हो।

इस प्रकार दस आदमियों ने एक गाड़ी को रोककर लूट लिया। उस गाड़ी में चौदह व्यक्ति ऐसे थे, जिनके पास बंदूकें या रायफलें थीं। दो सशस्त्र अंग्रेज फौजी अफसर भी थे, पर सब खामोश थे। ड्राइवर और इंजीनियर महाशय का बुरा हाल था। वे दोनों भी अंग्रेज थे। ड्राइवर महाशय पेट के बल लेट गए और इंजीनियर महाशय संडास में जा दुबके। हमने मुसाफिरों से कह दिया था कि उनसे कुछ न बोलेंगे, केवल सरकार का माल लूटेंगे। इस कारण मुसाफिर भी शांत बैठे थे।

उन्होंने समझा होगा कि तीस-चालीस आदमियों ने गाड़ी को चारों ओर से घेर लिया है, लेकिन केवल दस युवकों ने इतना बड़ा आतंक फैला दिया। साधारणतः इस बात पर बहुत-से लोग विश्वास करने में भी संकोच करेंगे कि दस युवकों ने गाड़ी खड़ी करके लूट ली। जो भी हो, वास्तव में बात यही थी। इन दस क्रांतिकारियों में अधिकतर तो ऐसे थे, जो आयु में लगभग 22 वर्ष के होंगे और जो शरीर से पुष्ट भी न थे।

अपनी यह सफलता देखकर मेरा साहस बहुत बढ़ गया। मेरा जो विचार था वह अक्षरशः सत्य सिद्ध हुआ। पुलिसवालों की वीरता का मुझे अंदाजा था। इस घटना से भविष्य के कार्य की बहुत बड़ी आशा बँध गई। नवयुवकों का भी उत्साह बढ़ गया।

जितना कर्ज था, निबटा दिया गया। प्रत्येक केंद्र के कार्यकर्ताओं को

यथास्थान भेजकर दूसरे प्रांतों में भी कार्य-विस्तार का निर्णय किया। एक युवा दल ने बम बनाने का प्रबंध किया, मुझसे भी सहायता चाही। मैंने आर्थिक सहायता देकर अपना एक सदस्य भेजने का वचन दिया, किंतु कुछ त्रुटिया हुईं, जिससे संपूर्ण दल अस्त-व्यस्त हो गया।

मैं इस विषय में कुछ भी न जान सका कि दूसरे देश के क्रांतिकारियों ने आरंभिक अवस्था में हम लोगों की तरह कार्य किया या नहीं। यदि पर्याप्त अनुभव होता, तो इतनी साधारण भूलें न करते। त्रुटियों के होते हुए भी कुछ न बिगड़ता और न कुछ भेद खुलता। हम इस अवस्था तक न पहुँचते, क्योंकि मैंने जो संगठन किया था, उसमें मुझे किसी ओर से कमजोरी दिखाई न देती थी। कोई भी किसी प्रकार की त्रुटि नहीं समझ सकता था। इसी कारण आँखें बंद किए बैठे रहे, किंतु आस्तीन में साँप छिपा हुआ बैठा था। ऐसा गहरा मुँह मारा कि चारों खाने चित्त कर दिया।

नवयुवकों में आपस की होड़ के कारण बहुत वितंडा और कलह भी हो जाती थी, जो भयंकर रूप धारण कर लेती थी। मेरे पास जब मामला आता, तो मैं प्रेमपूर्वक समिति की दशा का अवलोकन कराके सबको शांत करा देता। कभी नेतृत्व को लेकर वाद-विवाद चल जाता। एक केंद्र के निरीक्षक से वहाँ के कार्यकर्ता अत्यंत असंतुष्ट थे, क्योंकि निरीक्षण की अनुभवहीनता के कारण कुछ भूलें हो भी गई थीं। यह अवस्था देखकर मुझे बड़ा खेद और आश्चर्य हुआ, क्योंकि नेतागिरी का भूत सबसे भयानक होता है। जिस समय यह भूत खोपड़ी पर सवार होता है, उसी समय से सब काम चौपट हो जाता है। केवल एक-दूसरे के दोष देखने में समय व्यतीत होता है और वैमनस्य बढ़कर बड़े भयंकर परिणामों का उत्पादक होता है।

इसी प्रकार के समाचार सुन, मैंने सबको एकत्रित कर खूब फटकारा। सब अपनी गलती समझकर पछताए और सब प्रीतिपूर्वक आपस में मिलकर कार्य करने लगे। पर कुछ समय बाद फिर ऐसी अवस्था हो गई थी कि दलबंदी की नौबत आ गई। एक प्रकार से दलबंदी तो हो ही गई थी, पर मुझ पर सबकी श्रद्धा थी और मेरी बात सब मान लेते थे। सब कुछ मान लेने पर भी मुझे किसी ओर से किसी प्रकार का संदेह न था, किंतु परमात्मा को ऐसा ही स्वीकार था, तो इस अवस्था का दर्शन करना पड़ा।

काकोरी कांड के बाद से ही पुलिस बहुत सचेत हो गई। बड़े जोरों के साथ जाँच आरंभ हो गई। शाहजहाँपुर में कुछ नई मूर्तियों के दर्शन हुए।

पुलिस के कुछ विशेष सदस्य मुझसे भी मिले। चारों ओर शहर में यही चर्चा थी कि रेलवे डकैती किसने डाली? उन्हीं दिनों शहर में डकैती के एक-दो नोट निकल आए, तो पुलिस का अनुसंधान और भी बढ़ने लगा। कई मित्रों ने मुझसे कहा भी कि सतर्क रहो। एक-दो सज्जनों ने निश्चित रूप से समाचार दिया कि मेरी गिरफ्तारी जरूर होगी। मेरी समझ में कुछ न आया। मैंने विचार किया कि यदि गिरफ्तारी हो भी गई, तो पुलिस को मेरे विरुद्ध कोई भी प्रमाण न मिलेगा।

मुझे अपनी बुद्धिमत्ता पर पूरा विश्वास था। अपनी बुद्धि के सामने दूसरों की बुद्धि को तुच्छ समझता था। कुछ यह भी विचार था कि देश की सहानुभूति की परीक्षा की जाए। जिस देश पर हम अपना बलिदान देने के लिए तैयार हैं, उस देश के वासी हमारे साथ कितनी सहानुभूति रखते हैं? कुछ जेल का अनुभव भी प्राप्त करना था। वास्तव में मैं काम करते-करते थक गया था। भविष्य के कार्य में अधिक मानव-हत्या का ध्यान करके हत्बुद्धि-सा हो गया था। मैंने किसी के कहने की कोई चिंता नहीं की।''

ट्रेन डकैती से क्रांतिकारियों को आठ हजार छः सौ रुपए प्राप्त हुए थे। पकड़े जाने के भय से उन्होंने लूटे हुए खजाने को नोटों में बदल लिया था। उन्होंने ऐसा इस वजह से किया क्योंकि यदि वे इन नोटों का प्रयोग खुलेआम करते, तो उनके पकड़े जाने का अधिक खतरा था।

श्री कृपाशंकर हजेला ने काकोरी घटना का वर्णन करते हुए लिखा है—

''10 अगस्त, 1925 के समाचार-पत्रों में जब काकोरी ट्रेन डकैती के समाचार प्रकाशित हुए तो हर तरफ सन्नाटा छा गया, क्योंकि इस घटना में रेल खजाने का बक्स रेलगाड़ी से गिराकर तोड़ डाला गया था और अज्ञात डाकू लोग खजाने का रुपया ही नहीं लूट ले गए, वरन् एक यात्री भी उनकी गोली खाकर मर गया। हालाँकि यात्रियों का कोई माल नहीं लूटा गया, न किसी अन्य यात्री को किसी और ही तरह से मारा, पीटा या दुखी किया गया।

ऐसी रोमांचकारी घटना इसके पहले सुनने में नहीं आई थी, इसलिए सब चकित थे कि इस घटना का क्या कारण था और किस गिरोह ने यह कांड किया, क्योंकि यह साधारण डाकुओं का काम नहीं समझा जा सकता था, जो प्रायः असहाय यात्रियों का धन लूटने का ही साहस कर सकते हैं। इस घटना का वर्णन लखनऊ चीफ कोर्ट के चीफ जज सर लुईस शर्ट ने भी काकोरी

षड्यंत्र केस की अपील के फैसले में इन शब्दों में किया है—The dacoity was of a character unusual in India. (यह डकैती भारत में अनोखी थी)।

अंग्रेज सरकार ने इस डकैती के अन्वेषण का कार्य एक विशेष पुलिस विभाग को श्री हार्टन की अध्यक्षता में सौंपा। जाँच के पश्चात् पहला काकोरी षड्यंत्र केस, जिसमें श्री रामप्रसाद 'बिस्मिल', श्री शचींद्रनाथ सान्याल, श्री जोगेशचंद्र चटर्जी और श्री राजेंद्र लाहिड़ी इत्यादि अभियुक्त थे— श्री ऐनुद्दीन मजिस्ट्रेट के इजलास से 1926 में सेशन के सुपुर्द हुआ। उसी समय इन नवयुवकों को साधारण अभियोगी न समझा जाकर उनके बचाव के लिए एक अनौपचारिक समिति बनी, जिसके अगुआ जहाँ तक मुझे स्मरण है स्वर्गीय श्री गणेश शंकर विद्यार्थी थे और चंद्रभानु गुप्त, जो उस समय नवयुवक ही थे और जिन्होंने एल.एल.बी. पास करके वकालत करना शुरू किया था, इस बचाव समिति के उत्साही सहकारी थे।

जिस समय यह अभियोग सेशन जज की अदालत में चल रहा था, उस समय भी यह चर्चा चल रही थी कि इस षड्यंत्र के कुछ प्रमुख कार्यकर्ता अभी पुलिस के हाथ नहीं लगे हैं। इन लोगों में स्वर्गीय श्री चंद्रशेखर 'आजाद', श्री अशफाक उल्ला खाँ का नाम प्रमुख था। श्री चंद्रभानु गुप्त की इच्छानुसार मैं भी मुख्य षड्यंत्र मामले की सुनवाई में सफाई के वकीलों में सम्मिलित हो गया।

वकालत शुरू किए हुए मुझे भी उस समय तक थोड़ा ही समय हुआ था, लेकिन लखनऊ विश्वविद्यालय में कानून का अध्यापक होने के नाते श्री चंद्रभानु गुप्त से जो उस समय से कुछ पूर्व विश्वविद्यालय की लॉ क्लास में विद्यार्थी थे, मेरा कुछ घनिष्ठ संपर्क-सा हो गया था, क्योंकि उन दिनों मैं भी उनकी निर्भीकता, निस्पृह कार्य-क्षमता, सार्वजनिक भावना आदि गुणों से प्रभावित था और इसी कारण यह संबंध बराबर ही बना रहा।

जब मुख्य काकोरी का मुकदमा सेशन की अदालत में चल ही रहा था, उन्हीं दिनों श्री अशफाक उल्ला भी पकड़े गए और उसके पश्चात् श्री शचींद्रनाथ बख्शी भी पकड़े गए।

श्री अशफाक उल्ला का अभियोग जब प्रारंभिक मजिस्ट्रेट श्री ऐनुद्दीन के इजलास पर चल रहा था, उस समय चंद्रभानु गुप्त तथा श्री अशफाक उल्ला के बड़े भाई रियासत उल्ला खाँ के अनुरोध पर मैं श्री अशफाक उल्ला

की ओर से वकील हुआ। इन दिनों मुझे श्री अशफाक उल्ला के संपर्क में आने से उनके आचार-विचार, गंभीरता, उत्कट देश-प्रेम, निर्भीकता तथा देश-सेवा और लगन का भली-भाँति अनुभव हुआ।

मैं यह समझने लगा कि यह कोई साधारण नौजवान नहीं है, जो देश-सेवा के लिए सर्वस्व अर्पित कर सकता है। यह दूसरी बात है कि उनकी कार्य-शैली से दूसरों का मतभेद हो। किसी हद तक वे स्वयं भी हर बात से सहमत नहीं थे, लेकिन वे सिपाही की हैसियत से अपनी पार्टी के लीडर श्री रामप्रसाद 'बिस्मिल' की आज्ञा का पालन करना अपना फर्ज समझते थे।

श्री अशफाक उल्ला का मुकदमा अदालत सेशन के सुपुर्द हुआ और 24 मार्च, 1927 से सेशन के न्यायालय में उनका तथा शचींद्रनाथ बख्शी का अभियोग पेश हुआ।

सेशन न्यायालय में श्री बख्शी की ओर से श्री चंद्रभानु गुप्त और अशफाक उल्ला की ओर से मैं बहैसियत वकील के पैरवी कर रहे थे। उन दिनों के जो थोड़े-से वाक्यात मुझे दृष्टिगोचर हुए, उनमें से कुछ का मैं उल्लेख नीचे कर रहा हूँ—

- जिन दिनों अदालत सेशन में यह मुकदमा चल रहा था कि मुख्य काकोरी के मुकदमे में सेशन जज का फैसला हो गया, जिसमें श्री रामप्रसाद 'बिस्मिल', श्री राजेंद्र लाहिड़ी और रोशन सिंह को मौत की सजा हो गई और करीब-करीब अन्य सभी अभियुक्तों को कड़ी सजा-ए-कैद दी गई। उस समय इसमें कोई संदेह नहीं रह गया था कि अशफाक उल्ला को भी मौत की सजा के सिवाय दूसरी सजा न दी जाएगी।

  अशफाक उल्ला के बहनोई श्री अब्दुल कादिर अवकाश प्राप्त सम्मानित डिप्टी-कलेटक्टर थे तथा उनके घराने के और व्यक्तियों ने भी अंग्रेज सरकार की सेवाएँ की थीं। इसी कारण खान बहादुर तसद्दुक हुसैन ने एक दिन मुकदमे के दौरान मुझसे कहा कि इस नौजवान को, जो अपने खानदान के रास्ते से गुमराह हो गया है, बचाना चाहिए। मैंने उत्तर दिया कि मुकदमे के वकील की हैसियत से पैरवी करने के सिवाय मैं और क्या कर सकता हूँ। उन्होंने कहा कि मुख्य मुकदमे का जो अंजाम हुआ है और रामप्रसाद 'बिस्मिल' इत्यादि को जो मौत की

सजाएँ हुई हैं, आपको मालूम ही है। अतः अशफाक उल्ला यदि अब भी इकबाल कर लें और माफी माँग लें तो मौत की सजा बच ही जाएगी और बाकी सजा से रिहाई या उसमें कमी की कुछ सबील आगे भी हो सकेगी।

मैंने कहा कि इस युवक से माफी माँगने की आशा तो कभी की ही नहीं जा सकती और इकबाल करने की आशा करना भी दुश्कर है। फिर भी, मैंने विचार किया कि अब मुख्य मुकदमे में सेशन जज का फैसला हो जाने के बाद अशफाक उल्ला के किसी बयान का कानूनी असर उस मुकदमे पर नहीं पड़ सकता, इसलिए यदि इस युवक की मौत की सजा से किसी प्रकार की मुक्ति हो सके, तो उसका जीवन उसके तथा उसके देश के लिए तो हितकर ही होगा। सबसे बड़ी बात यह होगी कि उसकी वृद्ध माता का शेष जीवन नरकमय होने से बच जाएगा।

मैंने एक दिन अशफाक उल्ला से कहा कि सारी सरकारी गवाहियाँ करीब-करीब खत्म हो चुकी हैं और मुख्य मुकदमे के फैसले से यही आशंका है कि उनको भी शायद फाँसी की ही सजा हो। अतः यह विचार करके कि उनके किसी बयान का प्रभाव दूसरे मुकदमे पर नहीं पड़ेगा, यदि वह कुछ पश्चाताप अपने बयान में प्रकट करें, तो जो बातचीत मुझसे और खान बहादुर तसद्दुक हुसैन से हुई थी, उसके अनुसार उनके फाँसी की सजा से बचने की आशा की जा सकती है। मैं इतना ही कह पाया था कि अशफाक उल्ला की आकृति बदल गई और वे निराश होकर मुझसे कहने लगे कि हजेला साहब, आपको मालूम है कि मैंने कितनी जिद करके आपको अपना वकील किया था, जबकि बहुत से लोग शुरू से ही मुझसे यह कह रहे थे कि इस अभियोग में मैं अकेला ही मुसलमान हूँ, इसलिए मुझे सरकार की ओर से किसी अच्छे मुसलमान वकील को अपने लिए नियत कराना चहिए— लेकिन शुरू से मेरा आपमें अत्यंत विश्वास रहा और अब भी है। इसलिए मैं इन बातों से न डिगा और आप ही को अपना वकील बनाने की जिद की, लेकिन मैं यह नहीं समझता था कि आप जैसे व्यक्ति भी मुझे केवल फाँसी की सजा से बचाने के डर से पश्चाताप प्रकट करने की सलाह देंगे। मेरे लिए यह नितांत असंभव ही नहीं, वरन् मुझे किसी

बात का पश्चाताप भी नहीं है, क्योंकि जो कुछ मैंने किया गलत हो या सही देश की आजादी के लिए किया।

यद्यपि अपने ही देशवासियों के घरों में पड़नेवाली डकैतियों आदि के बारे में श्री रामप्रसाद 'बिस्मिल' से मेरा मतभेद बराबर रहा, लेकिन काकोरी ट्रेन घटना के लिए यह नहीं कहा जा सकता। इसे हम लोग अपनी उद्देश्य-पूर्ति का एक मार्ग समझते हैं। जैसे कांग्रेस एक मार्ग को अपनाए हुए है, वैसे ही हम लोग इस मार्ग को देश की आजादी के उद्देश्य से अपनाए हैं। यद्यपि इस मार्ग में बहुत से खतरे हैं, परंतु अब देश की आजादी के लिए बलिदान की ही जरूरत है।

हाँ, एक अंग्रेज यात्री के अकारण मारे जाने का अफसोस है, परंतु जब वह अपने डब्बे से उतरकर दूसरे डब्बे की ओर, जहाँ उसकी स्त्री बैठी थी, जा रहा था, गोली का शिकार हुआ। रही इकबाल करने की बात, तो वह मैं केवल अपने विषय में हर समय कहने के लिए तैयार हूँ और सब दोषारोपण अपने ऊपर लेने के लिए तैयार हूँ, परंतु हजेला साहब, आप तो सरल स्वभाव के हैं, आप यह नहीं समझ सकते हैं कि केवल इन बातों से पुलिस कर्मचारियों या अंग्रेज सरकार को संतोष होगा। वह तो अपनी कारगुजारी दिखाने के लिए और दूसरे ऐसे मुकदमे तैयार करने के लिए यह चाहेंगे कि ऐसे दसियों व्यक्तियों के नाम, जिनका इस घटना से जरा भी संबंध नहीं है, परंतु जिनके ऊपर पुलिस की आँखें हैं, मैं अपने बयान में ले दूँ।

मैं यह विचारधारा सुनकर चकित ही नहीं हुआ, बल्कि कुछ लज्जित भी हुआ कि ऐसे निर्भीक युवक से जो अपने देश को आजादी दिलाने के लिए आत्म-समर्पण करने के लिए सर्वदा उद्यत है, मैंने ऐसा प्रस्ताव करने की धृष्टता क्यों की।

- *इसी प्रकार जिस दिन सेशन अदालत में मुकदमे का फैसला मिस्टर सेशन जज लखनऊ सुनाने के लिए आए, श्री अशफाक उल्ला ने बसंती रंग के वस्त्र पहनकर बहुत उल्लास से न्यायालय में प्रवेश किया। उस समय इस विशालकाय बलिष्ठ गौरवपूर्ण नवयुवक की छवि देखकर सभी चकित हो रहे थे और समझते थे कि शायद उसे भ्रम है कि उसे फाँसी की सजा तो क्या कोई और बड़ी सजा भी नहीं मिलेगी। लेकिन तथ्य उसके विपरीत ही था। वह यह समझता था कि मैं अपना कार्य*

कर चुका हूँ, अब मेरे चलने का समय आ गया है।

न्यायाधीश के इजलास में आने पर अभियोग का फैसला सुनाया गया और श्री अशफाक उल्ला को और सजाओं के अतिरिक्त फाँसी की सजा दो घटनाओं यानी काकोरी केस तथा बिचपुरी डकैती अभियोग में पृथक-पृथक मिली। श्री शचींद्रनाथ बख्शी को, जहाँ तक मुझे स्मरण है, दस साल के कारागार की सजा मिली।

श्री अशफाक उल्ला ने जज के फैसले को बड़े शांत भाव तथा प्रसन्नचित्त से सुना। इस पर मैंने और मेरे सहयोगी श्री चंद्रभानु गुप्त ने जब अपनी वेदना प्रकट की, तब श्री अशफाक उल्ला ने बड़ी मर्मभेदी बात कही, जिसे सुनकर हम सब अचंभित हुए। उन्होंने कहा— अफसोस की क्या बात है। इस दिन के लिए तो हम सदा से ही तैयार थे, लेकिन मुझे आज खेद केवल एक ही बात का है। हमने पूछा, वह क्या बात है? तब उन्होंने कहा कि मुझे केवल दो महीने पहले ही बी-क्लास मिला था और जेल में खाने का कुछ अच्छा प्रबंध कर दिया गया था, इसीलिए पिछले हफ्ते जब जेल में मेरा वजन लिया गया तो जेलर साहब ने कहा कि इस जेल में आने के बाद किसी अभियोगी का वजन इतना नहीं बढ़ा जितना मेरा वजन निकला, लेकिन साथ ही उन्होंने यह भी कहा कि केवल एक अभियोगी का वजन मुझसे भी 6 पौंड या 10 पौंड ज्यादा था।

मैंने उत्तर दिया कि यह भी पूरा करके दिखा दूँगा। अब केवल मुझे यही खेद है कि मैं यह पूरा न कर सका, क्योंकि आज से कालकोठरी में रखा जाऊँगा। यदि एक हफ्ते देर से फैसला सुनाया जाता, तो इस रिकॉर्ड को भी नीचा कर देता। फाँसी की सजा पाने वाले के मुँह से ऐसी बातें सुनना अतिशयोक्ति ही नहीं, शायद असंभव भी प्रतीत हो।

इसके उपरांत श्री अशफाक उल्ला ने खैरात नबी इंस्पेक्टर सी.आई.डी. से, जो इस अभियोग में प्रॉसीक्यूटिंग इंस्पेक्टर थे, बात करने की इच्छा व्यक्त की और अपनी ओर आने के लिए संकेत किया।

श्री खैरात नबी पहले तो कुछ ठिठके, लेकिन फिर हँसकर और दोबारा बुलाने पर हमारे पास आकर खड़े हो गए। उनसे श्री अशफाक उल्ला ने बड़ी विनम्रता और सहृदयता से कहा कि यदि मुकदमे के दौरान मुझसे कोई बात आपकी शान के खिलाफ हो गई हो, तो मुझे

माफ कीजिएगा। मुझे आपसे कोई शिकायत नहीं है। आप मुलाजिम हैं और आपने अपनी मुलाजिमत का अपना फर्ज अदा किया। यह कहते हुए वे प्रसन्नबदन कौमी नारे लगाते हुए जेल के लिए रवाना हुए।

इसके उपरांत चीफ कोर्ट से उनकी अपील खारिज होने पर जब मैं उनसे लखनऊ जेल की सोलिटरी सेल में प्रिवी कौंसिल में अपील करने के विषय में बात करने के लिए गया, तो उन्होंने मुझे अंग्रेजी में एक अपील, जो सरकार को भेजने के लिए लिखी थी, दिखाई। उसमें उन्होंने सारा दोष अपने ऊपर ले लिया था और श्री रामप्रसाद 'बिस्मिल' को दोषमुक्त करने की भरसक चेष्टा की थी।

मैंने कहा कि आपने यह क्या लिखा है। यह तो आपने मुझे अभी तक जो कुछ बताया है, उससे सर्वथा विपरीत है। इस तरह तथ्य के विरुद्ध लिखकर आप अपने आप को और गहरा फँसाने की चेष्टा क्यों कर रहे हैं। ऐसी हालत में प्रिवी कौंसिल में अपील की कोशिश करना बिलकुल व्यर्थ है।

उन्होंने उत्तर दिया— हजेला साहब, मैंने आपसे हमेशा ही कहा है कि मैं केवल सिपाही हूँ और श्री रामप्रसाद हमारे लीडर हैं। वह पक्के देशभक्त और दिमागवाले आदमी हैं। यदि वह किसी तरह मेरी जान की बाजी लगाने पर भी बच जाएँ, तो हमारी पार्टी के लिए अच्छा होगा। मैं तो केवल सिपाही हूँ। उनके दिमाग और सूझ-बूझ तक मैं नहीं पहुँच सकता हूँ।

इस पर मैंने कहा कि इन सब बातों से यह अर्थ कहाँ निकलता है कि आप जिन बातों में निर्दोष हैं, वे भी अपने ऊपर ओढ़ लें।

मेरे आग्रह करने पर कुछ सोचकर उन्होंने उत्तर दिया— सच तो यह है कि श्री रामप्रसाद, जो सामनेवाली कोठरी में हैं, ने मुझसे दो-तीन दिन पहले रात में बातें करते हुए यह सुझाव दिया था कि यदि मैं इस प्रकार की अपील भेजूँ और दूसरी अपील वह स्वयं भेज रहे हैं, तो उन्हें फाँसी के दंड से मुक्त हो जाने की आशा है। मैंने आश्वासन दिया कि मैं उनकी इच्छा का पूर्ववत पालन करूँगा। अत: उनके हित के लिए मैंने यह सब कुछ लिखा है।

इस पर मैंने श्री अशफाक उल्ला से कहा कि अपील मत भेजिए। लेकिन बाद में मुझे मालूम हुआ कि मेरे मना करने पर भी उन्होंने

अपील भेज दी थी। यह उनकी सच्ची मैत्री और मौत के मुँह का ग्रास होते हुए भी अपने लीडर की वफादारी का नमूना है।

इसके उपरांत जब प्रिवी कौंसिल से भी उनकी अपील खारिज हो गई, तो उन्होंने मुझे कालकोठरी फैजाबाद से 13 दिसंबर, 1927 को एक पोस्ट कार्ड भेजा, जिसमें लिखा था—

This very morning I recieved news through a telegram from the Government about the dismissal of the appeal by the privy council. So as an information I am writing you these few times. It is possible that you yourself might have recieved the news alright.

I am altogether satisfied and cheerful as it is a will of my creator to see end of my part...if possible come and see me. I have to say something to you and only to you.

Your's
Devoted to mother India
Ashfaq

इसके उपरांत मैं तथा श्री अशफाक उल्ला के दो बड़े भाई श्री रियासत उल्ला खाँ व श्री शहनशाह खाँ और उनके दो छोटे भतीजे उनसे जेल में मिलने के लिए 17 सितंबर, 1927 को फैजाबाद गए। वह अपनी कोठरी के बाहर थे और नहाकर आ रहे थे। वह बहुत ही शांतचित्त थे। ऐसा प्रतीत होता था कि उन दिनों खुदा की इबादत में तल्लीन थे।

जब वह अपनी कोठरी में पहुँचे, तो उन्हें देखकर उनके भाइयों की आँखों में आँसू आ गए और दोनों भतीजे तो रोने लगे। यह देखकर श्री अशफाक उल्ला ने कहा— हजेला साहब, आप इन लोगों को अपने साथ क्यों लाए? यह रोने का मौका है या खुश होने का? सामनेवाली कोठरी की ओर देखिए, जो लोग इन तीन सेलों में हैं— ये तीनों सगे भाई हैं। एक माँ के पेट से पैदा हुए हैं और एक बाप की औलाद हैं।

इन तीनों के ऊपर एक डेढ़ सेर राब की बाबत झगड़ा होने के कारण दो आदमियों के कत्ल का मुकदमा चला और इन तीनों भाइयों को सजा-ए-मौत मिली। ये तीनों भाई कल फाँसी पर चढ़ जाएँगे।

यदि ये तीनों भाई, जो मेरी तरह अपने बाप के उतने ही लाड़ले हैं, डेढ़ सेर राब की खातिर फाँसी पर चढ़ सकते हैं, तो मेरे ऊपर तो हिंदुस्तान की सल्तनत को अंग्रेजों से अपने देश के लिए ले लेने की साजिश का मुकदमा चला है। क्या यह मुकदमा अपनी जान की बाजी के लगाने लायक नहीं था? फिर रोने की क्या बात? इन्हें तो खुश होना चाहिए कि हमारा भाई व चचा मुल्क की खातिर अपनी जान की बाजी लगाकर फाँसी पर चढ़ रहा है।

हजेला साहब, इन्हें बताइए और समझाइए कि हिंदुओं में तो खुदीराम बोस और कन्हैयालाल दत्त जैसी हस्तियाँ गुजर चुकी हैं, जो अपनी जान पर खेल गए हैं, मगर मुसलमानों में शायद मैं पहला खुशनसीब हूँ, जो ऐसे क्रांतिकारी षड्यंत्र के मुकदमे के सिलसिले में फाँसी पर चढ़ूँगा।

इन शब्दों की सरलता, सहृदयता तथा उच्च आदर्श अकथनीय थे। ये मेरे हृदय में चिरस्मरणीय रहेंगे।''

□

क्रांतिकारियों की धर-पकड़

जब अंग्रेज सरकार को ट्रेन डकैती की सूचना मिली, तो वह चिंतित हो उठी। इस घटना से वह बौखला उठी। उसने इस घटना का पता लगाने के लिए साजिश रचना शुरू कर दिया। अंततः पुलिस को पता चल ही गया कि यह कार्य क्रांतिकारियों द्वारा ही अंजाम दिया गया है।

सरकार ने इस डकैती में शामिल क्रांतिकारियों को पकड़ने के लिए खुफिया पुलिस का जाल बिछाने के साथ-साथ इनाम की भी घोषणा कर दी थी। लाख कोशिशों के बावजूद सरकार क्रांतिकारियों को पकड़ने में अब तक नाकाम रही थी, बल्कि उसकी चिंता अब यह सोच-सोचकर बढ़ती जा रही थी कि यदि यूँ ही क्रांतिकारी अपनी गतिविधियों को अंजाम देते रहे, तो वे जल्दी ही उसके लिए एक बड़ी व भयानक चुनौती बनकर सामने खड़े हो जाएँगे, जिससे पार पाना उसके लिए बहुत कठिन हो जाएगा।

क्रांतिकारियों की बढ़ती मजबूती व गतिविधियों को देखते हुए सरकार ने 26 सितंबर, 1925 को उनकी धर-पकड़ का आदेश दे दिया। इस तरह सोची-समझी रणनीति के तहत लगभग पूरे उत्तर भारत में संदेह के आधार पर छापे मारे गए। जब पुलिस ने रामप्रसाद 'बिस्मिल' के घर छापा मारा तो उन्हें आसानी से गिरफ्तार कर लिया गया। अपनी गिरफ्तारी के बारे में रामप्रसाद 'बिस्मिल' ने लिखा—

> ''रात के लगभग ग्यारह बजे मैं एक मित्र के यहाँ से अपने घर गया। रास्ते में खुफिया पुलिस के सिपाहियों से भेंट हुई। वे कुछ विशेष रूप से उस समय भी देखभाल कर रहे थे। मैंने कोई चिंता नहीं की और घर जाकर सो गया। प्रातः 4 बजने पर जागा। शौचादि से निवृत्त होने पर बाहर द्वार पर बंदूक

के कुंदों की खट-खट सुनाई दी। मैं समझ गया कि पुलिस आ गई है।

मैं तुरंत ही द्वार खोलकर बाहर आ गया। एक पुलिस अफसर ने आगे बढ़कर हाथ पकड़ लिया। मैं गिरफ्तार हो गया। मैं केवल एक अँगोछा पहने हुए था। अतः पुलिसवाले को अधिक भय नहीं था। पूछा यदि घर में कोई शस्त्र हो तो दे दीजिए। मैंने कहा, घर में कोई आपत्तिजनक वस्तु नहीं है। उन्होंने बड़ी सज्जनता की। मुझे हथकड़ी आदि कुछ भी नहीं लगाई। मकान की तलाशी लेते समय एक पत्र मिल गया, जो मेरी कमीज की जेब में था।

कुछ होनहार युवकों को तीन-चार पत्र लिखे थे। डाकखाने में डालने के लिए भेजे थे, तब तक डाक निकल चुकी थी। मैंने वे सब इस खयाल से अपने पास ही रख लिए कि डाक के बंबे में डाल दूँगा, फिर विचार किया कि जैसे बंबे में पड़े रहेंगे, वैसे ही जेब में पड़े हैं। मैं उन पत्रों को घर वापस ले आया। उन पत्रों में से एक पत्र आपत्तिजनक था, जो पुलिस के हाथ लग गया।

मैं गिरफ्तार होकर पुलिस कोतवाली पहुँचा। वहाँ पर खुफिया पुलिस के एक अफसर से भेंट हुई। उस समय उन्होंने कुछ ऐसी बातें कहीं, जिन्हें मैं या एक और जानता था। कोई तीसरा व्यक्ति इस प्रकार से ब्यौरेवार नहीं जान सकता था।

मुझे बड़ा आश्चर्य हुआ, किंतु संदेह इस कारण न हो सका कि मैं उस दूसरे व्यक्ति के कार्यों पर खुद अपने ही समान विश्वास रखता था। शाहजहाँपुर में जिन-जिन व्यक्तियों की गिरफ्तारियाँ हुईं, वे भी बड़ी आश्चर्यजनक प्रतीत होती थीं। जिन पर कोई संदेह भी न था, पुलिस उन्हें कैसे जान गई? दूसरे स्थानों पर क्या हुआ, कुछ भी मालूम न हुआ। जेल पहुँच जाने पर थोड़ा-बहुत अनुमान लगा सका कि संभवतः दूसरे स्थानों पर भी गिरफ्तारियाँ हुई होंगी। गिरफ्तारियों के समाचार सुनकर शहर के सभी मित्र भयभीत हो गए। किसी से भी इतना न हो सका कि जेल में हम लोगों के पास समाचार भेजने का प्रबंध कर देता।''

विश्वासघातियों के साथ मिलकर खुफिया पुलिस ने क्रांतिकारियों के घरों व उनके गुप्त स्थानों पर छापे मारकर उन्हें गिरफ्तार कर लिया। इन गिरफ्तार क्रांतिकारियों को पुलिस ने अलग-अलग जेलों में रखा। रामप्रसाद 'बिस्मिल' लिखते हैं—

''जेल में पहुँचते ही खुफिया पुलिस ने यह इंतजाम कराया कि हम सब एक-दूसरे से अलग-अलग रखे जाएँ, किंतु फिर भी एक-दूसरे से बातचीत हो

जाती थी। यदि साधारण बंदियों के साथ रखते, तो बातचीत का पूरा इंतजाम हो जाता। इसलिए सबको अलग-अलग तन्हाई की कोठरी में बंद किया गया। यही प्रबंध दूसरे जिले की जेलों में भी, जहाँ-जहाँ इस संबंध में गिरफ्तारियाँ की गई थीं, किया गया था। अलग-अलग रखने से पुलिस को यह सुविधा होती है कि प्रत्येक से अलग-अलग मिलकर बातचीत करते हैं। कुछ भय दिखाते हैं। इधर-उधर की बातें करके भेद जानने का प्रयत्न करते हैं।

अनुभवी लोग तो पुलिसवालों से मिलने से ही इनकार कर देते हैं, क्योंकि उनसे मिलकर हानि के अतिरिक्त कुछ लाभ भी नहीं होता। कुछ व्यक्ति ऐसे हैं, जो समाचार जानने के लिए कुछ बातचीत करते हैं। पुलिसवालों से मिलना ही क्या है। वे तो चालबाजी से ही बात निकालने की रोटी खाते हैं। उनका जीवन इसी प्रकार की बातों में व्यतीत होता है। नवयुवक दुनियादारी क्या जानें, न वे इस प्रकार की बातें बना सकते हैं।

जब किसी तरह समाचार ही न मिलते, तब तो जी भी घबराता। यही पता न चलता कि पुलिस क्या कर रही है। भाग्य का क्या निर्णय होगा? जितना समय व्यतीत होता जाता था, उतनी ही चिंता बढ़ती जाती थी। जेल अधिकारियों से मिलकर पुलिस यह भी प्रबंध कर देती है कि मुलाकात करनेवालों के घर के संबंध में बातचीत न करें।

सुविधा के लिए सबसे पहले यह जरूरी है कि एक विश्वासपात्र वकील किया जाए, जो यथासमय आकर बातचीत कर सके। वकील के लिए किसी भी प्रकार की रुकावट नहीं हो सकती थी। वकील के साथ अभियुक्त की जो बातें होती हैं, उन्हें दूसरा कोई सुन नहीं सकता, क्योंकि इस प्रकार का कानून है।

यह अनुभव बाद में हुआ। गिरफ्तारी के बाद शाहजहाँपुर के वकीलों से मिलना भी चाहा, किंतु शाहजहाँपुर में ऐसे दब्बू वकील रहते हैं, जो सरकार के विरुद्ध सहायता देने से हिचकते हैं।

मुझसे खुफिया पुलिस के कप्तान साहब मिले। थोड़ी सी बातों के बाद अपनी इच्छा प्रकट की कि मुझे सरकारी गवाह बनाना चाहते हैं। थोड़े ही दिनों में एक मित्र ने भयभीत होकर कहा कि कहीं वह भी न पकड़ा जाए, बनवारी लाल से भेंट की और समझा-बुझाकर उसे सरकारी गवाह बना दिया। बनवारी लाल बहुत घबराता था कि कौन सहायता देगा, सजा जरूर हो जाएगी। यदि किसी वकील से मिल गया होता, तो उसका धैर्य न टूटता।

पंडित हरकरणनाथ शाहजहाँपुर आए। जिस समय वे अभियुक्त श्रीयुत्

प्रेमकृष्ण से मिले, उस समय अभियुक्त ने पंडित हरकरणनाथ से बहुत कहा कि मुझसे और दूसरे अभियुक्तों से मिल लें। यदि वे मान जाते तो बनवारीलाल में साहस आ जाता और वह डटा रहता। उस रात पहले एक इंस्पेक्टर बनवारीलाल से मिले। जब मैं सो गया तो वह बनवारी लाल को निकालकर ले गया। प्रात: 5 बजे के करीब जब बनवारी की कोठरी से कोई आहट सुनाई न दी तो मैंने बनवारीलाल को पुकारा।

पहरे पर जो कैदी था, उससे मालूम हुआ कि बनवारीलाल बयान दे चुका। बनवारीलाल के संबंध में सब मित्रों ने कहा था कि इससे अवश्य धोखा होगा, मेरी बुद्धि में कुछ न समाया था। प्रत्येक जानकार ने बनवारीलाल के संबंध में यह भविष्यवाणी की थी कि वह आपत्ति पड़ने पर अटल नहीं रह सकेगा। इसलिए सबने उसे किसी प्रकार के गुप्त कार्य में लेने की मनाही की थी। अब तो जो होना था, सो हो ही गया था।

थोड़े दिन बाद जिला कलेक्टर मिले। कहने लगे कि फाँसी हो जाएगी, बचना हो तो बयान दे दो। मैंने कोई उत्तर नहीं दिया, तत्पश्चात् खुफिया पुलिस के कप्तान साहब मिले। उन्होंने बहुत-सी बातें कीं। कागज दिखाए, मैंने अंदाजा लगाया कि कितनी दूर तक ये लोग पहुँच गए हैं। मैंने कुछ बातें बनाईं, ताकि पुलिस का ध्यान दूसरी तरफ चला जाए, परंतु उन्हें तो विश्वासनीय सूत्र हाथ लग चुका था। वे बनावटी बातों पर क्यों विश्वास करते?

अंत में उन्होंने यह इच्छा प्रकट की कि यदि मैं बंगाल का संबंध बताकर बोल्शेविक के संबंध में बयान दे दूँ, तो वे मुझे थोड़ी-सी सजा करा देंगे और सजा के थोड़े दिनों के बाद जेल से निकालकर इंग्लैंड भेज देंगे और पंद्रह हजार रुपए पारितोषिक भी सरकार से दिला देंगे।

मैं मन-ही-मन में बहुत हँसता था। अंत में फिर मुझसे एक दिन जेल में मिलने के लिए खुफिया विभाग के कप्तान साहब आए। मैंने अपनी कोठरी से निकलने से ही इनकार कर दिया। वे कोठरी में आकर बहुत-सी बातें करते रहे। अंत में परेशान होकर चले गए।

शिनाख्तें कराई गईं। पुलिस को जितने आदमी मिल सके, उतने आदमी लेकर शिनाख्तें कराईं। भाग्यवश श्री अईमुद्दीन साहब मुकदमे के मजिस्ट्रेट नियुक्त हुए। उन्होंने जी भरकर पुलिस की मदद की। शिनाख्तों में अभियुक्तों को साधारण मजिस्ट्रेटों की भाँति भी सुविधाएँ न दीं। दिखाने के लिए सभी काररवाइयाँ साफ रखीं।

मजिस्ट्रेट जुबान के बड़े मीठे थे। प्रत्येक अभियुक्त से बड़े तपाक से मिलते थे। बड़ी मीठी-मीठी बातें करते थे। सब समझते कि हमसे सहानुभूति करते हैं। कोई न समझ सका कि अंदर-ही-अंदर घाव कर रहे हैं। इतना चालाक अफसर शायद ही कोई दूसरा हो। जब तक मुकदमा उनकी अदालत में रहा, कभी किसी को शिकायत का कोई मौका नहीं दिया। यदि कभी कोई बात हो जाती, तो उसे ऐसे ढंग से ढालने की कोशिश करते कि किसी को बुरा न लगता।

बहुधा ऐसा भी हुआ कि खुली अदालत में अभियुक्तों से क्षमा तक माँगने में संकोच न किया, किंतु कागजी काररवाई में इतने होशियार थे कि जो कुछ लिखा, सदैव अभियुक्तों के विरुद्ध, जब मामला सेशन के सुपुर्द हुआ और आज्ञा-पत्र में युक्तियाँ दीं, तब सबकी आँखें खुलीं कि कितना गहरा घाव कर दिया।

मुकदमा अदालत में न आया था, उसी समय रायबरेली में बनवारी की गिरफ्तारी हुई। मुझे हाल मालूम हुआ। मैंने पंडित हरकरणनाथ से कहा कि सब काम छोड़कर सीधे रायबरेली जाएँ और बनवारीलाल से मिलें, किंतु उन्होंने मेरी बातों पर कुछ भी ध्यान न दिया।

मुझे बनवारीलाल पर पहले ही संदेह था। उसका रहन-सहन ठीक न था। जब दूसरे सदस्यों के साथ रहता, तो उनसे कहता कि मैं जिला संगठन हूँ। मेरी गणना अधिकारियों में है। मेरी आज्ञा का पालन किया करो। मेरे जूठे बरतन मला करो। कुछ विलासी भी था। प्रत्येक समय शीशा, कंघा और साबुन साथ रखता था।

मुझे उससे भय था, किंतु हमारे दल के एक खास आदमी का वह विश्वासपात्र रह चुका था। उन्होंने सैकड़ों रुपए देकर उसकी सहायता की थी। इसी कारण हम लोग भी उसे अंत तक मासिक सहायता देते रहे थे। मैंने बहुत हाथ-पैर मारे, पर कुछ भी न चली और जिसका मुझे भय था, वही हुआ। भाड़े का टट्टू अधिक बोझा न सँभाल सका, उसने बयान दे दिया। जब तक वह गिरफ्तार न हुआ था, कुछ सदस्यों ने उसके पास जो वस्त्र थे, वे माँगे, पर उसने न दिए। जिला अफसर की शान में रहा। गिरफ्तार होते ही सब शान मिट्टी में मिल गई।

बनवारीलाल के बयान दे देने से पुलिस का मुकदमा मजबूती पकड़ गया। यदि वह अपना बयान न देता, तो मुकदमा बड़ा कमजोर था। सब लोग

चारों ओर से एकत्रित करके लखनऊ जिला जेल में रखे गए थे। थोड़े समय तक अलग-अलग रहे, किंतु अदालत में मुकदमा आने से पहले ही एकत्रित कर लिए गए।

मुकदमे के लिए रुपयों की जरूरत थी। अभियुक्तों के पास क्या था? उनके लिए धन संग्रह करना कितना दुष्कर था। न जाने किस प्रकार निर्वाह करते थे। अधिकतर अभियुक्तों का कोई संबंधी पैरवी भी नहीं कर सकता था। जिस किसी के कोई था भी, वह बाल-बच्चों और घर को सँभालता था। इतने समय तक घर-बार छोड़कर मुकदमा लड़ता? यदि चार अच्छे पैरवी करनेवाले होते, तो पुलिस का तीन-चौथाई मुकदमा टूट जाता।

लखनऊ जैसे जनाने शहर में मुकदमा शुरू हुआ, जहाँ अदालत में शहर का कोई भी आदमी न आता था। इतना भी न हुआ कि एक अच्छा प्रेस रिपोर्टर ही रहता, जो मुकदमे की सारी काररवाई को, जो कुछ अदालत में होता था, प्रेस में भेजता रहता।

इंडियन टेलीग्राफ वालों ने कृपा की। यदि कोई अच्छा रिपोर्टर आ भी गया और जो कुछ अदालत की काररवाई ठीक-ठीक प्रकाशित भी हुई, तो पुलिसवालों ने जज से मिलकर तुरंत उस रिपोर्टर को निकलवा दिया।

जनता की कोई सहानुभूति न थी। जो पुलिस के जी में आया, करती रहती। इन सारी बातों को देखकर जज साहब का साहस बढ़ गया, उसने जैसा जी चाहा, सब कुछ किया।

अभियुक्त चिल्लाए—'हाय-हाय।'

पर कोई सुनवाई न हुई। अन्य सब बातें दूर, श्रीयुत् सेठ दामोदर स्वरूप को पुलिस ने जेल में सड़ा डाला। लगभग एक वर्ष तक जेल में सड़ते रहे। सौ पौंड से केवल छियासठ पौंड ही वजन रह गया। कई बार जेल में मरणासन्न हो गए। नित्य बेहोशी आ जाती थी। लगभग दस मास तक कुछ भी भोजन न कर सके। जो कुछ छटाँक-दो-छटाँक दूध किसी प्रकार पेट में पहुँच जाता था, उससे इस प्रकार की वेदना होती थी कि कोई उनके पास खड़ा होकर उस छटपटाने के दृश्य को देख न सकता था। एक मेडिकल बोर्ड बनाया गया, जिसमें तीन डॉक्टर थे। उनकी समझ में कुछ न आता था। उन्होंने कह दिया कि सेठजी को कोई बीमारी ही नहीं है।

जब से काकोरी षड्यंत्र में अभियुक्त जेल में एक साथ रहने लगे, तभी से उनमें एक परिवर्तन का समावेश हुआ, जिसका अवलोकन कर मेरे आश्चर्य

की सीमा न रही। जेल में सबसे बड़ी बात तो यह थी कि प्रत्येक व्यक्ति अपनी नेतागीरी की दुहाई देता था। कोई भी छोटे-बड़े का भेद न रहा और अनुभवी व्यक्तियों की बातों की अवहेलना होने लगी। अनुशासन का नाम भी न रहा। बहुधा उलटे जवाब मिलने लगे। छोटी-छोटी बातों पर मतभेद हो जाता। इस प्रकार का मतभेद कभी-कभी वैमनस्य तक का रूप धारण कर लेता था। आपस में झगड़ा भी हो जाता था।

खैर, जहाँ चार बरतन रहते हैं, वहाँ खड़कते ही हैं। ये लोग तो मनुष्य देहधारी थे, परंतु लीडरी की धुन ने पार्टीबंदी का खयाल पैदा कर दिया। जो युवक जेल के बाहर अपने से बड़ों की आज्ञा को वेद-वाक्य मानते थे, वे ही उन लोगों का तिरस्कार करने लगे। इसी प्रकार आपस का वाद-विवाद कभी-कभी भयंकर रूप धारण कर लेता था। प्रांतीय प्रश्न छिड़ जाता—बंगाली तथा संयुक्त प्रांतवासियों के कार्य की आलोचना होने लगती।

इसमें कोई संदेह नहीं कि बंगाल के क्रांतिकारी आंदोलन ने दूसरे प्रांतों से अधिक कार्य किया है, किंतु बंगालियों की हालत यह है कि जिस किसी कार्यालय या दफ्तर में एक भी बंगाली पहुँच जाएगा, थोड़े ही दिनों में उस कार्यालय में बंगाली दिखाई देंगे। जिस शहर में बंगाली रहते हैं, उनकी बस्ती अलग ही बसती है—बोली भी अलग, खान-पान भी अलग—जेल में यही सब अनुभव हुआ।

मैं जिन महानुभावों को त्याग की प्रतिमूर्ति समझता था, उनके अंदर भी बंगालीपने का भाव देखा। मैंने जेल से बाहर कभी स्वप्न में भी यह विचार न किया था कि क्रांतिकारी दल के सदस्यों में भी प्रांतीयता के भावों का समावेश होगा। मैं तो यही समझता रहा कि क्रांतिकारी तो समस्त भारत को स्वतंत्र कराने का प्रयत्न कर रहे हैं, उनका किसी प्रांत विशेष से क्या संबंध? परंतु साक्षात् देख लिया कि प्रत्येक बंगाली के दिमाग में कविवर रवींद्रनाथ का गीत 'आमार सोनार बांगला, आमि तोमाके भालोबासी' ठूँस-ठूँसकर भरा था, जिसका उसके नैमित्तिक जीवन में पग-पग पर प्रकाश होता था। अनेक प्रयत्न करने पर भी जेल के बाहर इस प्रकार का अनुभव कदापि न प्राप्त हो सकता था।

भयंकर-से-भयंकर आपत्ति में भी मेरे मुख से आह न निकली। प्रिय सहोदर का देहांत होने पर भी आँख से आँसू न गिरा, किंतु इस दल के व्यक्ति कुछ ऐसे थे, जिनकी यात्रा को मैं संसार में श्रेष्ठ मानता हूँ। जिनकी जरा-सी

कड़ी दृष्टि भी मैं सहन नहीं कर सकता था, जिनके कटु वचनों के कारण मेरे हृदय पर चोट लगती थी और आँसुओं का स्रोत उमड़ पड़ता था। मेरी यह अवस्था देखकर दो-चार मित्रों को, जो मेरी प्रकृति जानते थे, बड़ा आश्चर्य होता था।

यह लिखते हुए हृदय कंपित होता है कि उन्हीं सज्जनों में बंगाली और अबंगाली का भाव इस प्रकार भरा था कि बंगालियों की बड़ी-से-बड़ी भूल, हठधर्मिता और भीरुता की अवहेलना की गई। यह देखकर अन्य व्यक्तियों का साहस बढ़ता था। नित्य नई चालें चली जाती थीं। आपस में ही एक-दूसरे के विरुद्ध षड्यंत्र रचे जाते थे। इन सारी बातों ने मेरे हृदय को टूक-टूक कर डाला। सब कृत्य देखकर मैं मन-ही-मन घुटा करता था।

एक बार मन में विचार आया कि सरकार से समझौता कर लिया जाए। बैरिस्टर साहब ने खुफिया पुलिस के कप्तान से परामर्श आरंभ कर दिया, किंतु यह सोचकर कि इससे क्रांतिकारी दल की निष्ठा न मिट जाए, यह विचार छोड़ दिया गया। युवकवृंद की सम्मति हुई कि अनशन व्रत लेकर सरकार से हवालाती की हालत में ही माँगें पूरी करा ली जाएँ, क्योंकि लंबी-लंबी सजाएँ होंगी।

संयुक्त प्रांत में साधारण कैदियों का भोजन खाते-खाते सजा काटकर जेल से जिंदा निकलना कोई सरल कार्य नहीं। जितने राजनीतिक कैदी षड्यंत्रों के संबंध में सजा पाकर इस प्रांत की जेलों में रखे गए, उनमें से पाँच-छः महात्माओं ने इस प्रांत की जेलों के व्यवहार के कारण ही जेलों में प्राण त्याग दिए।

इस विचार के अनुसार काकोरी कांड के लगभग सब हवालातियों ने अनशन व्रत आरंभ कर दिया। दूसरे ही दिन सब पृथक कर दिए गए। कुछ व्यक्ति डिस्ट्रिक्ट जेल में रखे गए। कुछ सेंट्रल जेल भेजे गए। अनशन करते पंद्रह दिन बीत गए। तब सरकार के कान पर जूँ रेंगी। उधर सरकार का काफी नुकसान हो रहा था। जज साहब और कचहरी के दूसरे कार्यकर्ताओं को घर बैठे वेतन देना पड़ता था। सरकार को स्वयं चिंता थी कि किसी प्रकार अनशन टूटे।

जेल अधिकारियों ने पहले आठ आना रोज तय किया। मैंने उस समझौते को अस्वीकार कर दिया और बड़ी कठिनाई से दस आने रोज पर ले आया। उस अनशन में मैंने पंद्रह दिन तक जल पीकर निर्वाह किया था। सोलहवें दिन

नाक से दूध पिलाया गया था।

श्रीयुत रोशन सिंहजी ने भी इसी प्रकार मेरा साथ दिया था। वे पंद्रह दिन बराबर चलते रहे थे। स्नानादि अपने नैमित्तिक कार्य भी कर लिया करते थे। दस दिन तक मेरा मुँह देखकर अनजान पुरुष यह अनुमान भी नहीं लगा सकता था कि मैंने अन्न नहीं खाया।

समझौते के जिन खुफिया पुलिस के अधिकारियों से मुख्य नेता महोदय का वार्त्तालाप बहुधा एकांत में हुआ करता था, समझौते की बात खत्म होने पर भी आप उन लोगों से मिलते रहे। मैंने कुछ विशेष ध्यान न दिया। यदा-कदा दो-एक बात से पता चलता कि समझौते के अतिरिक्त कुछ दूसरी बातें भी होती हैं।

मैंने इच्छा प्रकट की कि मैं एक बार सी.आई.डी. कप्तान से मिलूँ, क्योंकि पुलिस मुझसे असंतुष्ट थी। मुझे पुलिस से मिलने न दिया गया। परिणामस्वरूप सी.आई.डी. वाले मेरे दुश्मन हो गए। सब मेरे व्यवहार की ही शिकायत करते।

पुलिस अधिकारियों से बातचीत करते मुख्य नेता महोदय को कुछ आशा बँध गई थी। आपका जेल से निकलने का उत्साह जाता रहा। जेल से निकलने के उद्योग में जो उत्साह था, वह बहुत ढीला था।

नवयुवकों की श्रद्धा मुझसे हटाने के लिए अनेक प्रकार की बातें की जाने लगीं। मुख्य नेता महोदय ने स्वयं कुछ कार्यकर्ताओं से मेरे संबंध में कहा कि ये कुछ रुपए खा गए। मैंने एक-एक रुपए का हिसाब रखा था। जैसे ही मैंने इस प्रकार की बातें सुनीं, मैंने कार्यकारिणी के सदस्यों के सामने रखकर हिसाब देना चाहा और अपने विरुद्ध आक्षेप करनेवाले को दंड देने का प्रस्ताव रखा। अब तो बंगालियों का साहस न हुआ कि मुझसे हिसाब समझते। मेरे आचरण पर भी आक्षेप किए गए।

जिस दिन सफाई की बहस मैंने समाप्त की, सरकारी वकील ने उठकर मुक्त कंठ से मेरी बहस की प्रशंसा की कि मैंने सैकड़ों वकीलों से अच्छी बहस की।

मैंने नमस्कार का उत्तर दिया कि आपके चरणों की कृपा है। इस मुकदमे से पहले मैंने किसी अदालत में समय व्यतीत न किया था। सरकारी तथा सफाई के वकीलों की जिरह सुनकर ही मैंने भी साहस किया था।

इसके बाद सबसे पहले मुख्य नेता महाशय के विषय में सरकारी

वकील ने बहस करनी शुरू की। खूब ही आड़े हाथों लिया। अब तो मुख्य नेता महाशय का बुरा हाल था, क्योंकि उन्हें आशा थी कि संभव है कि सबूत की कमी से छूट जाएँ या अधिक-से-अधिक पाँच या दस वर्ष की सजा हो जाए। आखिर चैन न पड़ा। सी.आई.डी. अफसरों को बुलाकर जेल में उनसे एकांत में डेढ़ घंटे तक बातें हुईं।

युवक मंडल को इस बात का पता चला। सब मिलकर मेरे पास आए। कहने लगे, इस समय सी.आई.डी. अफसर से क्यों बात की जा रही हैं। मेरी जिज्ञासा पर उत्तर मिला कि सजा होने के बाद जेल में क्या व्यवहार होगा, इस संबंध में बातचीत कर रहे हैं। मुझे संतोष न हुआ। दो या तीन दिन बाद मुख्य नेता महाशय एकांत में बैठकर कई घंटे तक कुछ लिखते रहे। लिखकर कागज जेब में रख भोजन करने गए। मेरी अंतरात्मा ने कहा—'उठ, देख तो क्या हो रहा है?'

मैंने जेब से कागज निकालकर पढ़े। पढ़कर शोक और आश्चर्य की सीमा न रही। पुलिस द्वारा सरकार को क्षमा-याचना भेजी जा रही थी। भविष्य में किसी प्रकार के हिंसात्मक आंदोलन या कार्य में भाग न लेने की प्रतिज्ञा की गई थी, अंडरटेकिंग दी गई थी।

मैंने मुख्य कार्यकर्ताओं से सब विवरण प्राप्त कर इस सबका कारण पूछा कि क्या हम लोग इस योग्य भी नहीं रहे, जो हमसे किसी प्रकार का परामर्श किया जाए? तब उत्तर मिला कि व्यक्तिगत बात थी।

मैंने पुरजोर विरोध किया कि यह कदापि व्यक्तिगत बात नहीं हो सकती। खूब फटकार लगाई। मेरी बातें सुनकर चारों ओर खलबली मची। मुझे बड़ा क्रोध आया कि कितनी धूर्तता से काम लिया गया।

मुझे चारों ओर से चढ़ाकर लड़ने के लिए प्रस्तुत किया गया। मेरे विरुद्ध षड्यंत्र रचे गए। मेरे विरुद्ध अनुचित आक्षेप किए गए। नवयुवकों के जीवन का भार लेकर लीडरों की शान झाड़ी गई और थोड़ी सी आपत्ति पड़ने पर इस प्रकार बीस-बीस वर्ष की उम्र के युवकों को बड़ी-बड़ी सजाएँ दिला, जेल में सड़ने के लिए डालकर स्वयं बंधेज से जाने (सजा के बंधन से निकलने) का प्रयत्न किया गया।

धिक्कार है ऐसे जीवन को, किंतु कुछ सोच-समझकर मैं चुप रहा।

काकोरी में रेलवे ट्रेन लुट जाने के बाद ही पुलिस का विशेष भाग उक्त घटना का पता लगाने के लिए तैनात किया गया। एक विशेष व्यक्ति मिस्टर

हर्टन इस विभाग के निरीक्षक थे। उन्होंने घटनास्थल और पुलिस की रिपोर्टों को देखकर अनुमान लगाया कि संभव है यह कार्य क्रांतिकारियों का हो।

प्रांत के क्रांतिकारियों की जाँच हुई। उसी समय शाहजहाँपुर में रेलवे डकैती के तीन नोट मिले। चोरी गए नोटों की संख्या सौ से अधिक थी, जिनका मूल्य लगभग एक हजार रुपए होगा। इनमें से लगभग सात सौ या आठ सौ रुपयों के नोट सीधे सरकार के खजाने में पहुँच गए। अतः सरकार नोटों के मामले को चुपचाप पी गई।

ये नोट लिस्ट प्रकाशित होने से पूर्व ही सरकारी खजाने में पहुँच चुके थे। पुलिस का लिस्ट प्रकाशित करना व्यर्थ रहा। सरकारी खजाने में से जनता के पास कुछ नोट लिस्ट प्रकाशित होने से पूर्व ही पहुँच गए थे। इसलिए वे जनता के पास निकल आए।

उन्हीं दिनों जिला खुफिया पुलिस को मालूम हुआ कि मैं 8-9 और 10 अगस्त, 25 अगस्त को शाहजहाँपुर में नहीं था। अधिक जाँच होने लगी। इस जाँच-पड़ताल से पुलिस को मालूम हुआ कि गवर्नमेंट स्कूल शाहजहाँपुर के इंदुभूषण मित्र नामक एक विद्यार्थी के पास मेरे क्रांतिकारी दल संबंधी पत्र आते हैं, जो वह दे मुझे आता था। हेडमास्टर द्वारा इंदुभूषण के पास आए हुए पत्रों की नकल कराके हर्टन साहब के पास भेजी जाती रही। इन्हीं पत्रों से हर्टन साहब को मालूम हुआ कि मेरठ में प्रांत की क्रांतिकारी समिति की बैठक होनेवाली है।

उन्होंने एक सब-इंस्पेक्टर अनाथालय में भेजा, जहाँ मीटिंग होने का पता चला था। उन्हीं दिनों हर्टन साहब को किसी विशेष सूत्र से मालूम हुआ कि क्रांतिकारी समिति के सदस्य शीघ्र ही कनखल में डाका डालने की योजना बना रहे हैं और संभव है कि किसी बड़े शहर में डाकखाने की आमदनी लूटी जाए।

हर्टन साहब को एक पत्र मिला, जो मेरे हाथ का लिखा था। इस पत्र में सितंबर में होनेवाले 'श्राद्ध' का जिक्र था, जिसकी तारीख 13 निश्चित की गई थी। पत्र में लिखा गया था कि दादा का श्राद्ध नंबर-1 पर 13 सितंबर को होगा, अवश्य पधारिए। मैं अनाथालय में मिलूँगा। पत्र पर रुद्र के हस्ताक्षर थे।

आगामी डकैतियों को रोकने के लिए हर्टन साहब द्वारा प्रांत-भर में 26 सितंबर, 1925 को लगभग 30 क्रांतिकारी गिरफ्तार किए गए। उन्हीं दिनों में, इंदुभूषण के पास आए पत्रों से पता लगा कि कुछ वस्तुएँ बनारस में किसी विद्यार्थी की कोठरी में बंद हैं। अनुमान किया कि संभव है, वे हथियार हों।

खोजबीन करने पर हिंदू विश्वविद्यालय के एक विद्यार्थी की कोठरी से दो रायफलें निकलीं। उस विद्यार्थी को कानपुर में गिरफ्तार कर लिया गया।

इंदुभूषण ने मेरी गिरफ्तारी की सूचना एक पत्र द्वारा बनारस भेजी। जिसके पास पत्र भेजा, उसे पुलिस गिरफ्तार कर चुकी थी, क्योंकि उसी श्री रामनाथ पांडेय के पते का पत्र मेरी गिरफ्तारी के समय मेरे मकान से पाया गया था। रामनाथ पांडेय के पत्र पुलिस के पास पहुँच चुके थे। अतः इंदुभूषण को गिरफ्तार किया गया। इंदुभूषण ने दूसरे दिन अपना बयान दे दिया।

गिरफ्तार किए गए व्यक्तियों में से कुछ से मिल-मिलाकर बनवारीलाल ने भी, जो शाहजहाँपुर जेल में था, अपना बयान दे दिया और वह सरकारी गवाह बना लिया गया। वह कुछ अधिक जानता था। उसके बयान से क्रांतिकारी पत्र के पार्सलों का पता चला। बनारस के डाकखाने से जिन-जिनके पास पार्सल भेजे गए थे, उन्हें पुलिस ने गिरफ्तार किया। कानपुर में गोपीनाथ ने, जिसके पास पार्सल किया था, गिरफ्तार होते ही पुलिस को बयान दे दिया और वह सरकारी गवाह बना लिया गया।

इसी प्रकार रायबरेली में स्कूल के विद्यार्थी कुँवर बहादुर के पास पार्सल आया था, उसने भी गिरफ्तार होते ही बयान दे दिया और वह सरकारी गवाह बना लिया गया। उसके पास मनीऑर्डर भी आया करते थे, क्योंकि वह बनवारी लाल का पोस्ट बॉक्स था। उसने बनवारीलाल के एक रिश्तेदार का पता लगाया, जहाँ तलाशी में बनवारीलाल का ट्रंक मिला। इस ट्रंक में एक कारतूसी पिस्तौल, एक कारतूसी फौजी रिवॉल्वर और कुछ कारतूस पुलिस के हाथ लगे। बनवारीलाल की खोज हुई और वह भी पकड़ा गया।

गिरफ्तारी के थोड़े दिनों बाद ही पुलिसवाले मिले। उलटा-सीधा सुझाया और बनवारी लाल ने भी अपना बयान दे दिया। उसे इकाबालिया मुलजिम बना लिया गया। बनवारीलाल ने काकोरी कांड में खुद का सम्मिलित होना बताया था। उधर कलकत्ता में दक्षिणेश्वर के एक मकान में बम बनाने का सामान, एक बना हुआ बम, 7 रिवॉल्वर, पिस्तौल और कुछ राजद्रोहत्मक साहित्य पकड़ा गया। इसी मकान से श्रीयुत् राजेंद्रनाथ लाहिड़ी बी.ए., जो इस मुकदमे में फरार थे, गिरफ्तार हुए।

इंदुभूषण के गिरफ्तार हो जाने के बाद उसके हेडमास्टर को एक पत्र मध्य प्रांत से मिला, जिसे उसने हर्टन साहब के पास वैसा ही भेज दिया। इस पत्र से एक व्यक्ति मोहनलाल खत्री का चाँदा में पता चला। वहाँ से पुलिस ने

खोज लगाकर पूना में श्रीयुत् रामकृष्ण खत्री को गिरफ्तार करके लखनऊ भेजा। बनारस से भेजे हुए पार्सल के संबंध से जबलपुर में श्रीयुत् प्रणवेश कुमार चटर्जी को गिरफ्तार करके भेजा गया।

कलकत्ता से श्रीयुत् शचींद्रनाथ सान्याल जिन्हें बनारस षड्यंत्र में आजन्म काला पानी की सजा हुई थी और जिन्हें बाकुरा में क्रांतिकारी परचे बाँटने के कारण दो वर्ष की सजा हुई थी, इस मुकदमे में लखनऊ भेजे गए।

श्रीयुत् योगेशचंद्र चटर्जी बंगाल ऑर्डीनेंस के कैदी हजारीबाग जेल भेजे गए। आप अक्टूबर, 1924 में कलकत्ता से गिरफ्तार हुए थे। आपके पास दो कागज पाए गए थे, जिनमें संयुक्त प्रांत के सब जिलों के नाम थे और लिखा था कि बाईस जिलों में समिति का कार्य हो रहा है। ये कागज इस षड्यंत्र के संबंध के समझे गए।

श्रीयुत् राजेंद्रनाथ लाहिड़ी दक्षिणेश्वर बम केस में दस वर्ष के द्वीपांतर की सजा पाने के बाद इस मुकदमे में लखनऊ भेजे गए। अब तक लगभग 36 व्यक्ति गिरफ्तार हुए थे। 28 पर मजिस्ट्रेट की अदालत में मुकदमा चला। तीन व्यक्ति श्रीयुत् अशफाक उल्ला खाँ, श्रीयुत् चंद्रशेखर 'आजाद' और श्रीयुत् शचींद्रनाथ बख्शी फरार रहे। बाकी सब मुकदमा अदालत में आने के बाद छोड़ दिए गए।

अट्ठाईस में से दो पर से मजिस्ट्रेट की अदालत में मुकदमा उठा लिया गया। दो को सरकारी गवाह बनाकर माफी दी गई। अंत में मजिस्ट्रेट ने इक्कीस व्यक्तियों को सेशन के सुपुर्द किया। सेशन में मुकदमा आने पर श्रीयुत् सेठ दामोदर स्वरूप बहुत बीमार हो गए। अदालत नहीं आ सकते थे। अतः अंत में बीस व्यक्ति रह गए। बीस में से दो व्यक्ति श्रीयुत् शचींद्रनाथ विश्वास और श्रीयुत् हरगोविंद सेशन की अदालत में मुक्त हुए। शेष अट्ठारह को सजाएँ हुईं।

26 सितंबर, 1925 को सुबह-सवेरे पुलिस ने अशफाक के घर भी छापा मारा, लेकिन अशफाक को इसकी पूर्व सूचना मिल गई थी। वे घर छोड़कर चले गए। पुलिस ने जब घरवालों से पूछताछ की तो उनके बड़े भाई रियासत उल्ला खाँ ने बताया—मैं अपने मकान में सो रहा था। सोकर उठा, क्योंकि सुबह मैं बराबर चार बजे तहज्जुद नमाज अदा करने उठा करता था। मेरी बीवी मुझसे पहले उठी थीं और वजू करके कमरे में नमाज अदा कर रही थीं। मैंने लोटा लिया और पानी लेने की गरज से जा रहा था कि किसी ने

दरवाजे की कुंडी बजाई। मैंने लोटा रख दिया और दरवाजे पर गया। किवाड़ खोले तो क्या देखता हूँ कि मेरी बाहरी बैठक में पुलिस और सशस्त्र पुलिस के लोग जमा हैं। एक सब-इंस्पेक्टर पुलिस सी.आई.डी. मुंशी फसाहत हुसैन खड़े हैं। मैंने दरयाफ्त किया कि क्या मामला है? मुंशी फसाहत हुसैन साहब ने फरमाया कि तलाशी लेंगे। मैंने कहा कि तलाशी सूरज डूबने और निकलने के दरम्यान नहीं ली जा सकती। सब-इंस्पेक्टर साहब ने फरमाया कि हम कलेक्टर जिला से इजाजत हासिल कर चुके हैं।

मैंने कहा—बेहतर है, लेकिन यह बताइए कि किस चीज की आपको तलाश है। अगर मेरे इल्म में है, वह मैं दाखिल कर दूँगा। सब-इंस्पेक्टर साहब ने घबराकर वारंट तलाशी के बजाय वारंट गिरफ्तारी मेरे हाथ में दे दिया। मैंने उसमें अशफाक उल्ला खाँ के अरेस्ट का हुक्म देखा। मैंने सब-इंस्पेक्टर साहब से कहा कि यह तो अंग्रेजी में है, मैं अंग्रेजी पढ़ा हुआ नहीं हूँ। सब-इंस्पेक्टर फसाहत हुसैन ने वह वारंट मेरे हाथ से ले लिया और कहा कि प्रतापगढ़ जिले में डाका पड़ा है। उसका माल तलाशी लेकर मैं देखना चाहता हूँ। मैंने कहा—यहाँ इस किस्म का कोई माल नहीं है। आप तलाशी ले लें, लेकिन तलाशी से पेशतर अपनी जामा तलाशी मुझे दे दीजिए और यह बताइए कि गवाह कौन हैं? उन्होंने बताया कि ये दो अहीर हैं (जो मेरी असामी रियाया थे)। मैंने सब-इंस्पेक्टर फसाहत हुसैन की जामा तलाशी ली।

बाद में सब-इंस्पेक्टर साहब ने दो कांस्टेबलों की ओर इशारा करते हुए फरमाया कि इनकी भी तलाशी ले लीजिए, ये भी अंदर जाएँगे। वे कांस्टेबल जलाल नगर पुलिस चौकी के थे। मैंने कहा कि ये कांस्टेबल हमारी चौकी के हैं। हम इन्हें जानते हैं और ये हमें जानते हैं। इनकी तलाशी की जरूरत नहीं है। एक हवलदार आर्म्ड पुलिस और एक कांस्टेबल आर्म्ड पुलिस के लिए भी कहा कि ये भी अंदर जाएँगे। मैंने उन दोनों की जामा तलाशी ली और कहा कि पर्दा करा दूँ। सब-इंस्पेक्टर ने कहा कि यहीं से पुकार दीजिए। 'आप क्या कहते हैं,' मैंने बिगड़कर कहा, तो वे खामोश हो गए।

मैंने अंदर कदम रखते हुए आवाज दी कि नमाज की नीयत तोड़ दो और फौरन ऊपर चली जाओ। मेरी बीवी ने नीयत तोड़ दी और ऊपर छत पर चली गईं। अशफाक उल्ला खाँ दालान में सो रहे थे। फौरन उठे। मैंने कहा—तलाशी होगी। उन्होंने कहा—मैं गिरफ्तार हो जाऊँगा। यह कहकर फौरन बक्स के पास गए जो वहाँ रखा था, क्योंकि उसमें 'बैन गार्ड' अखबार जो

मॉस्को से जारी होकर आयरलैंड से आता था, जिसका दाखिला हिंदुस्तान में ममनूअ (निषेध) था, अशफाक के नाम हर माह आता था। उसकी कापियाँ दस या ग्यारह थीं, वे लेकर फौरन चले गए।

यह काम गालिबन (शायद) एक मिनट में हो गया। मैंने सब-इंस्पेक्टर साहब से कहा कि आ जाइए। दरवाजे पर मैंने सैयद मतलूब हसन को खड़ा कर दिया कि इन लोगों के अलावा किसी को अंदर न आने देना। दारोगाजी साहब सहन में बैठ गए। कुरसी डाल दी थी। आर्म्ड पुलिस के हवलदार और कांस्टेबल खड़े रहे, लेकिन बहुत होशियारी से खड़े थे। मुझसे मुंशी फसाहत हुसैन ने फरमाया कि आप मुझे नहीं जानते हैं। आपके भाई अशफाक उल्ला खाँ बखूबी जानते हैं। वह आ जाएँगे तो बातचीत होगी।

मैंने कहा कि अशफाक उल्ला तो आपको न मिलेंगे, क्योंकि मेरा खयाल है कि वह सौ मील से भी आगे जा चुके हैं। इस पर मुंशी फसाहत हुसैन घबरा गए और बोले कि कहाँ गए हैं। मैंने कहा कि रात करीब बारह बजे किसी ने कुंडी खड़खड़ाई। अशफाक उल्ला से कहा, 'फौरन दूर निकल जाओ, वरना गिरफ्तार हो जाओगे।' अशफाक उल्ला ने अपना बिस्तर और कपड़े लिये और मेरे चार सौ रुपए रखे हुए थे, वे लेकर चले गए।

मुंशी फसाहत हुसैन साहब और सब-इंस्पेक्टर ने मुझसे घबराकर दरियाफ्त किया, उन सब-इंस्पेक्टर का नाम क्या है?

मैंने कहा, क्या खूब उन बेचारे ने तो हमदर्दी की और हम उनका नाम बता दें। यह शराफत से बाहर है।

इसके बाद तलाशी वगैरह कुछ न ली। बंदूक माँगी, मैंने उन्हें बताया कि बंदूक एक शीशम के बड़े संदूक में है जिसमें ताला लगा था। उसकी कुंजी बड़े भाई मुहम्मद शफी उल्ला खाँ के कमरबंद में बँधी है। संदूक खोला गया और बंदूक फसाहत हुसैन साहब को दे दी गई।

मुंशी फसाहत हुसैन ने कहा कि आप मेरे हमराह चलें। अगर इंस्पेक्टर साहब कहेंगे, तो बंदूक वापस कर दी जाएगी। मैं उनके साथ कोतवाली सदर शाहजहाँपुर गया। मुंशी फसाहत हुसैन ने इंस्पेक्टर साहब से दरियाफ्त किया तो उन्होंने बंदूक देने से इनकार किया। मैं मकान में वापस आया। अशफाक उल्ला खाँ मकान के बालाखाने पर मौजूद थे। मैंने उनसे दरियाफ्त किया कि यह क्या मामला है, तो उन्होंने मुझसे कहा कि मैं रेवोल्यूशनरी पार्टी का मेंबर हूँ यानी खुफिया सोसायटी का।

तब मुझे मालूम हुआ। मैं मकान से निकला, तो दरवाजे पर मुझे इंदुभूषण मित्र मिले। मुझसे उन्होंने दरियाफ्त किया कि अशफाक उल्ला खाँ से मिलने आया हूँ, क्योंकि रामप्रसाद गिरफ्तार हो गए। एक चिट्ठी उनके नाम आई है। वह मैं उन्हें देना चाहता हूँ। मैंने उनसे कहा कि यह चिट्ठी आप अपने पास न रखो, वरना तुम भी गिरफ्तार हो जाओगे। मैंने चिट्ठी लेकर फाड़ दी। मेरे एक अजीज खानदानी थे, उनकी बैठक में आग जल रही थी, उसमें उसे जला दिया। इस जलाने की बात पर मिस्टर हर्टन ने कहा कि हम तुम पर मुकदमा चलाएँगे, क्योंकि तुमने इंदुभूषण जो चिट्ठी लाया था, फाड़कर जला दी, हमारा सबूत मिटा दिया।

खान बहादुर तसद्दुक हुसैन डिप्टी सुपरिंटेंडेंट पुलिस ऑफ इंडिया ने मिस्टर हर्टन से कहा कि आप इन्हें माफ कर दें, ये मेरे दोस्त हैं। इस पर मिस्टर हर्टन ने कहा कि एक शर्त पर हम इन्हें माफ कर सकते हैं कि ये हमारे मुकदमे में तखरीब (खराबी) न डालें। मैंने मिस्टर हर्टन से कहा कि क्या आपकी मंशा यह है कि मैं मुकदमे में अपने भाई की पैरवी न करूँ। मिस्टर हर्टन ने कहा कि नहीं, पैरवी जायज तरीके से करो, नाजायज तरीके से नहीं।

मैंने कहा कि जायज ही करूँगा। मिस्टर हर्टन ने कहा कि तुम अशफाक को सरकारी गवाह बना दो। मैंने कहा कि मुझे क्या खबर कि वह कहाँ है, मुझे कहाँ मिले, जो सरकारी गवाह बनाऊँ।

जिस रोज मेरे यहाँ तलाशी हुई, उसके बाद से सी.आई.डी. अजीब-अजीब भेष बदलकर ज्यादा तादाद में आई। औरतें भी आईं। मैंने देखा कि मुझे ये बेहद परेशान करते हैं, तो मैंने सात अदद लिफाफे मुखतलिफ जगहों के पते से अपने मिलनेवालों को लिखे, जिनका मजमून यह था कि भाई अशफाक हुसैन की तलाश एक मुकदमे के सिलसिले में है और वह रूपोश हैं। अगर आपके यहाँ हों या आपके इल्म में हों, तो मुत्तिला कीजिए, ताकि मैं उन्हें हाजिर करा दूँ। बराए करम मुझे जल्दी-से-जल्दी मुत्तिला फरमाएँ।

एक खत अब्दुल हफीज साहब तहसीलदार सदर तहसील इलाहाबाद, एक भोपाल मोहम्मद यूसफ खाँ साहब, अंदरून मोहल्ला इतवारा, इसी तरह अपने मिलनेवालों को सात खत लिखकर शाम को मेल पर ले गया, जहाँ पुलिस और सी.आई.डी. मौजूद थी, लेटर बॉक्स में डाल दिए। मेरे हटते ही सी.आई.डी. ने वे खत ले लिए। खोलकर पढ़े होंगे। खुदा जाने कि वे खत रवाना किए या नहीं।

उन लोगों को यकीन हो गया कि अशफाक यहाँ नहीं हैं। इसके बाद सी.आई.डी. का मेरे यहाँ आना बिलकुल बंद हो गया। मैंने चार आदमी हथियारबंद बुलाकर उन्हें नेपाल के लिए रवाना कर दिया। नेपाल पहुँचकर वे कयाम न कर सके। वहाँ की पुलिस को शुबह हुआ और करीब था कि गिरफ्तार हो जाएँ। वे वहाँ से भाग खड़े हुए। रुपया जो ले गए थे, वह भी वहाँ रह गया। वे सीधे पिलानी आए, वहाँ कटाई हो रही थी। वहाँ एक ठेकेदार मेरे अजीज थे। उन्होंने पहचाना, बल्कि जब सब चले गए, सिर्फ ठेकेदार रह गए। अशफाक ने कहा, तिफ्फो भाई, मुझे नहीं पहचाना। उन्होंने कहा, अशफाक तुम कहाँ? अशफाक ने कहा कि नेपाल से भाग आया हूँ, वहाँ गिरफ्तार हो जाता। भाई रियासत उल्ला खाँ से कह देना कि अब मैं लखनऊ जा रहा हूँ। तुफैल हुसैन खाँ ने कहा कि लखनऊ मत जाओ, वहाँ केस चल रहा है। अशफाक ने कहा कोई बात नहीं है, न कोई डर है।

इस तरह रात में अशफाक वहाँ से एक स्टेशन आगे लोकल में सवार हुए। तुफैल हुसैन खाँ से अशफाक ने दस रुपए लिए थे। लखनऊ कई दिन रहे और फिर गणेश शंकर विद्यार्थीजी के पास आए और विद्यार्थी ने उन्हें रुपया देकर बनारस भेज दिया। बनारस में उनकी पार्टी के लोग थे, जिन्होंने बिहार भेज दिया। वहाँ यह कायस्थ बनकर एक ठेकेदार के पास पचास रुपया माहवार पर मुलाजिम हो गए। गालिबन कोई पुल बन रहा था। वहाँ बहुत अरसा मुलाजिम रहे। वहाँ से एक मकान पर आए। इलाहाबाद एक्सप्रेस से शाहजहाँपुर 3 बजे सुबह उतरे। वे सिखों के भेष में थे। बालों का चोटा बँधा था। पगड़ी बाँधे थे। दाढ़ी भी कानों में लपेटे हुए थे। एक कोट और सलवार पहने हुए थे। हाथ में हैंडबैग और बेंत था। उतरकर टिकट गेट पर दिया। पुलिस और सी.आई.डी. मौजूद थी। किसी ने न पहचाना और यह सीधे इमाम अली खैरादी के मकान पर आए। उससे कहा कि मैं भाई मुहम्मद फकीर उल्ला खाँ से मिलना चाहता हूँ। उसने कहा कि आज पंद्रह रोज हुए फकीर उल्ला खाँ का इंतकाल शिकार खेलते वक्त गोली लगने से हो गया। यह सुनकर वे बहुत रोए। उनकी कब्र पर जाकर फातिहा पढ़ी और फिर मकान पर आए। दिन-भर मकान पर रहे।

रात में ग्यारह बजे की गाड़ी से रवाना होकर बिहार गए। उन्हें मालूम हो गया कि उनका कोई खत हम लोगों तक नहीं पहुँचा। सी.आई.डी. डाक ले लेती है। उन्होंने प्रतापगढ़ स्टेशन से खत लिखा कि मैं खैरियत से प्रतापगढ़ से

रवाना हो रहा हूँ और मकान पर पहुँचकर इत्तिला करूँगा... अहलिया मौलवी निसार हुसैन। यह खत जैसा वे कह गए थे अपनी बड़ी बहन के नाम मुहल्ला खलील गरबी, शाहजहाँपुर के पते से रवाना किया था, जो मिल गया।

उनके जाने के बाद यहाँ खानदान के लोगों में चर्चा हुई कि अशफाक उल्ला खाँ आए थे और गालिबन अब भी हैं। एक अजीज पुलिस में सब-इंस्पेक्टर थे। उन्हें अशफाक की बेहद तलाश थी कि अगर वह मालूम हो, तो गिरफ्तार करा दूँ, तरक्की हो जाएगी। बेहद कोशिश की। आखिरकार खानदान के लोगों ने पुलिस को खबर की और पुलिस सरगर्मी से तलाशती रही।

दिसंबर का महीना था। तारीख गालिबन 25 या 26 होगी। सर्दी निहायत सख्त थी। एकदम पुलिस के इंस्पेक्टर मिस्टर प्रभुदयाल सिंह क्रिश्चियन मय चार सब-इंस्पेक्टर करीब 12 बजे शब के मेरे दरवाजे पर आए और कुंडी बजाई। मैंने दरवाजा खोला, तो पुलिस को देखा। प्रभुदयाल सिंह इंस्पेक्टर नशे में चूर थे, क्योंकि स्टेशन के होटल पर खूब शराब पीकर आए थे। मुझसे कहा कि हम कुर्की करने आए हैं। मैंने कहा कि रात के वक्त। उस पर प्रभुदयाल सिंह इंस्पेक्टर ने कहा कि घुस चलो अंदर। मुझे बेहद गुस्सा आया। मैंने कहा कि इंस्पेक्टर साहब आपने क्या कहा कि बिला पर्दा कराए हुए आप घर में चले जाएँगे, मेरी जिंदगी में तो गैर-मुमकिन है। मैंने फौरन चाकू निकाल लिया और कहा कि कौन आता है। वे सब लोग सशस्त्र थे, रिवॉल्वर और बंदूकें लिए थे, कुछ कांस्टेबल भी थे।

मुझे बिगड़ा हुआ देखकर मिस्टर टीकाराम कोतवाली शहर ने कहा कि लल्लू खाँ साहब आप पर्दा कर दें, बिला पर्दा हम न जाएँगे। मैंने लौटकर घर में आवाज दी कि पर्दा कर ऊपर चली जाओ, माल की कुर्की होगी। मेरी माँ और मेरी बीवी उस बक्स को, जिसमें मेरी भतीजी की शादी के कपड़े रखे थे, लेकर ऊपर बालाखाने पर चली गईं। मैंने पुलिस को बुला लिया—आइए।

मेरा लड़का और लड़की दो पलंगों पर सो रहे थे। उन लोगों ने उन्हें हाथ पकड़कर जमीन पर खड़ा कर दिया और उनके लिहाफ व बिस्तर दोनों ले लिये, बल्कि पलंग भी ले लिये। सिर्फ चार पलंग और थे, वे भी ले लिए। मेरे भाई का बक्स कपड़ों का था, वह ले लिया। मेरी बीवी का जेवर का संदूकचा ले लिया। हालाँकि मैंने घर में साफ तौर पर समझा दिया था कि कुर्की होगी, इसलिए सब सामान उठवा दिया गया था। संदूकचा इत्तफाकन

तौर से जरूरत की वजह से मँगाया गया था, पर वापस न किया गया और कुर्क हो गया। वे देगचियाँ जिनमें खाना था, वे न लीं। चिमटा, फुँकनी, तीन पानदान और दो सेर आटा गंदुम था और बिस्तर व कपड़े गरम थे, कुछ सूती कपड़े और कुछ मैले कपड़े सब ले लिये।

ये सब सामान और लकड़ी के दो संदूक ले लिये। गो कि मैंने कहा भी कि इसमें अशफाक उल्ला का कोई सामान नहीं है, लेकिन एक न माने और सब ले गये। मेरे दिल में कई बार आया कि प्रभुदयाल सिंह को मैं शूट कर दूँ, लेकिन महज इस खयाल से कि शायद अशफाक उल्ला खाँ इस मुकदमे में छूट जाएँ, शूट न किया। अगर इनको शूट किया गया, तो मामले की नौइयत खराब हो जाएगी, खामोश हो गया। मकान कुर्क कर लिया गया। मैंने कहा कि मकान में हिस्सा हम लोगों का नहीं है। मुकम्मल जायदाद वालिदा के नाम है, लेकिन मेरी बातों का कुछ खयाल न किया गया और कहा गया कि हम लोग आप लोगों को परेशान करना चाहते हैं। मैंने कहा कि इससे हम परेशान न होंगे।

जब वे सामान लेकर बाहर चले गए, तो मैंने और सामान—ओढ़ना, बिछौना, पलँग वगैरह मँगवाए और सब आराम से सो गए। सुबह मैं मिस्टर ऐनुद्दीन मजिस्ट्रेट के यहाँ गया। दरख्वास्त उज्रदारी पेश की। लखनऊ में भी बहुत पेशियाँ हुईं। वह भी यही चाहते थे कि इनका रुपया खर्च हो। जब मैंने देखा कि इनका मतलब परेशान करना है, तो मैंने वकील ले जाना बंद कर दिया, क्योंकि करीब 150 रुपए जनाब मजिस्ट्रेट ऐनुद्दीन साहब ने मुझसे अपने दोस्त बैरिस्टर मुसलमान को दिलवाए और काम कतई न हुआ।

मैंने खुद पैरवी की। मिस्टर ऐनुद्दीन साहब ने मुझसे फरमाया कि आपके बैरिस्टर साहब कहाँ हैं? मैंने कहा कि अब मुझे उनकी जरूरत नहीं है, क्योंकि मैं बअजाते (व्यक्तिगत रूप से) खुद पैरवी करूँगा। मुझे सैयद ऐनुद्दीन साहब की एक घड़ी याद हो आई। जब यह तहसीलदार थे और यह व मुजफ्फर मुहम्मद खान दोनों नुमाइश इलाहाबाद में तैनात थे। यह नुमाइश 10वीं या 11वीं ईसवी में (1910 या 1911 में) हुई थी। बाद खत्म नुमाइश सब लोगों ने जो नुमाइश में तहसीलदार तैनात हुए थे, जिसमें मेरे बहनोई अब्दुल कादिर खान साहब तहसीलदार सदर तहसील इलाहाबाद भी तैनात हुए थे।

मिस्टर लैंब पारसी थे और उन लोगों पर अफसर मुकर्रर किए गए थे।

हर एक तहसीलदार ने एक-एक रोज टी पार्टी की दावत दी थी। सबने दावत दी, लेकिन ऐनुद्दीन साहब ने इनकार किया कि मेरे पास रुपया नहीं है। सबने मिलकर उन्हें इलाहाबाद तहसील सदर के एक कमरे में गिराया। मैंने उनकी चाँदी की घड़ी मय चेन ले ली। मुझसे सबने कहा कि कुल पंद्रह रुपया तुम दे दो, पार्टी हो जाए। अगर यह रुपया दे दें, तो घड़ी वापस कर देना, वरना घड़ी खुद रख लेना। मैंने रुपए दे दिए थे, पार्टी हो गई। ऐनुद्दीन साहब ने मुझसे घड़ी न ली और न रुपया दिया। घड़ी की चेन में एक रुपया काबुली पड़ा था, जो मैंने निकालकर अपनी बीवी को दे दिया था। मुझे याद आ गया। ऐनुद्दीन साहब ने फरमाया कि क्या सबूत है कि यह संदूकचा आपका है। मैंने कहा कि संदूकचे का सबूत मेरे पास काफी है, अगर हुक्म हो तो खोलकर सबूत दे दूँ। कहा—हाँ खोलो। मैंने खोला, उसमें मेरे नाम के कार्ड लिफाफे जो आए थे, रखे थे। मेरी बारात की फेहरिस्त भी थी। फेहरिस्त दिखाई तो उन्होंने कहा कि यह सबूत काफी नहीं है। मैंने रुपया काबुली निकालकर दिखाया कि यह देखिए यह सबूत काफी है। मैंने कहा कि इलाहाबाद में सब तहसीलदारों ने मिस्टर लैंब को पार्टी दी थी।

एक तहसीलदार सख्त कंजूस थे। उन्होंने इनकार किया, तो सबने मिलकर उनकी घड़ी छीनकर मुझे दे दी, जिसे आप भी जानते हैं और यह मामला आपके सामने का है। ऐनुद्दीन साहब ने फरमाया कि घड़ी कहाँ है? मैंने कहा कि मैंने घड़ी बनने के लिए इलाहाबाद में दे दी थी, घड़ीसाज घड़ी लेकर भाग गया। चेन से मैंने रुपया लिया था, वह यह है। इसके गवाह आप खुद हैं। ऐनुद्दीन साहब ने कहा कि हाँ, हम जानते हैं। यह वाकया सही है। संदूकचा हम बागुजार करते हैं, ले जाइए। कचहरी के लोग हैरान थे, क्या वाकया है। मुझसे लोगों ने दरियाफ्त किया, लेकिन उस वक्त बताया नहीं कि इन्हीं हजरत की घड़ी थी।

बाद में थानेदार साहब श्री रघुवर दयाल सदर स्टेशन शाहजहाँपुर को उनके इसरार पर बता दिया था कि यह रुपया मिस्टर ऐनुद्दीन साहब का है, यह किस्सा भी इन हजरत का है। जब श्री रघुवर दयाल सब-इंस्पेक्टर को इत्मीनान हुआ तो बोले कि खान साहब आपने संदूकचे का जवाब लाजवाब दिया है, जिसकी मिसाल गैर-मुमकिन है। मेरे भाई मुहम्मद शफीक उल्ला खाँ साहब का एक बक्स मालखाने में पुलिस चौकी जलाल नगर जो अब पुलिस चौकी अशफाक नगर है, में रखा था और गरम कपड़े एक लकड़ी के

संदूक में थे। मैंने हेड कांस्टेबल चौकी जलाल नगर से कहा कि इन कपड़ों की कोई फेहरिस्त नहीं लिखी गई है, बक्स सिर्फ मय कुफ्ल (ताला) है और हमें तकलीफ है, ये हमें निकाल लेने दो। मैंने करीब 50 रुपए उनके सामने रखे। हेड कांस्टेबल अकुल मजीद खाँ जो मुरादाबाद के रहनेवाले थे, खुश हुए और बोले कि पुलिस रिश्वत लेती है। मैं भी जरूर लेता हूँ, लेकिन इस मामले में हरगिज न लूँगा। आप शाम को कुंजी लेकर आ जाइए और जो कारआमद चीजें हों, ले जाइए।

मैं शाम को मगरिब के वक्त गया। उन्होंने मालखाने की कोठरी खोल दी और खुद सदर थाने की सड़क पर खड़े हो गए और लालटेन मुझे दे दी। मैंने कुल कपड़े और कागजात सब निकाल लिए और गरम कपड़े भी एक चादर में बाँध लिए। बक्सों में सिर्फ फटे-पुराने कपड़े रखकर ताले डाल दिए और सब सामान मकान पर ले आया। मैं अब्दुल मजीद खाँ हेड कांस्टेबल जलाल नगर की शराफत की तारीफ नहीं कर सकता हूँ, जो शराफत उन्होंने बरती है। मेरे खानदान के सिर्फ एक अजीज थे, जो मेरे साथ हमदर्दी करते थे। बकाया कुल खानदान के लोग मेरे साए से भी भागते थे और मुकदमे के दौरान कभी अशफाक उल्ला खाँ से मिलने के लिए भी नहीं गए, क्योंकि वे डरते थे कि पुलिस हमारी रिपोर्ट न कर दे। बाज अशखास खानदान को गवाही में लिखा गया था, लेकिन उन लोगों ने समन ही न लिया और कुछ रूपोश हो गए।

एक साहब (जिनका नाम नहीं लिखना चाहता हूँ) ने कहा कि ऐसे बदमाश डाकू की गवाही, जो गवर्नमेंट के खिलाफ है, देना नहीं चाहता हूँ। कलेक्टर साहब ने फरमाया कि अगर आप गवाही नहीं देना चाहते हैं, न जाएँ—कोई हर्ज नहीं। आप पर कोई इल्जाम आयद न होगा। इन्हीं साहब ने पुलिस को खबर दी थी कि अशफाक उल्ला खाँ मकान में मौजूद हैं, जाकर गिरफ्तार कर लो। जब मुझे मालूम हुआ कि मेरे खानदान के एक मेंबर ने पुलिस को खबर दी, फौरन अशफाक उल्ला खाँ को मैंने रात तराई में एक ओखाड़ी में पहुँचा दिया और सुबह टिकट लेकर कई आदमी जहानी खेड़ा, जहाँ दरियाए गोमती है, बगरज शिकार मछली सीतापुर लाइन से टिकट लेकर रवाना हुआ। दिन-भर दरिया पर मछली का शिकार खेला। शाम को 10 बजे शब के मकान पर वापस हुआ। पुलिस को मालूम हुआ कि सीतापुर में ये लोग गए हैं। पुलिस ने जहानी खेड़े का खयाल किया कि अशफाक उल्ला खाँ वहीं

हैं। सब पुलिस वहाँ रवाना हो गई और हमारे यहाँ का खयाल छोड़ दिया। मैंने इनको यानी अशफाक उल्ला खाँ को चार रोज गन्ने के खेत में रखा। रात के 12 बजे अशफाक उल्ला खाँ को इमाम अली बढ़ई, जो बेचारा हम लोगों का हमदर्द था, खाना-पानी लेकर जाया करता था। बहुत चक्कर काटकर घूम-फिरकर अशफाक उल्ला खाँ को दे जाता था, जिसके हम लोग आज तक बेहद मशकूर हैं।''

इस तरह अशफाक व उनके दो क्रांतिकारी साथी चंद्रशेखर 'आजाद' और शचींद्रनाथ बख्शी पुलिस के चंगुल से बचे रहे, लेकिन शेष क्रांतिकारियों को कुछ देशद्रोहियों की मदद से गिरफ्तार किया जा चुका था।

□

गणेश शंकर विद्यार्थी से मुलाकात

अशफाक इस बात से भली-भाँति परिचित हो चुके थे कि क्रांतिकारियों की इस तरह की गई धर-पकड़ में उनके ही कुछ परिचितों का हाथ है। उनकी तलाश अभी भी जारी थी। क्रांतिकारी दल के नेता रामप्रसाद 'बिस्मिल' की गिरफ्तारी से वे बहुत दुखी थे। किसी तरह वे बचते-बचाते बिहार के डाल्टनगंज में पहुँचे और वहाँ गुप्त नाम से रहने लगे।

यदि अशफाक चाहते, तो वे डाल्टनगंज में ही बड़ी आसानी से रह सकते थे, लेकिन वे चाहकर भी ऐसा न कर सके, क्योंकि वे अपनी मातृभूमि के लिए कुछ विशेष करने के लिए पैदा हुए थे। इसी विचार के साथ वे कानपुर आ गए, जहाँ वे गणेश शंकर विद्यार्थी से मिले। गणेश शंकर विद्यार्थी को उनसे विशेष स्नेह था। इस संबंध में रियासत उल्ला खाँ ने लिखा है—

> "अशफाक उल्ला खाँ पर गणेश शंकर विद्यार्थी बहुत मेहरबान थे। जब अशफाक उल्ला खाँ मकान से भागे, तो नेपाल चले गए थे। वहाँ से कानपुर गणेश शंकरजी के पास पहुँचे। गणेश शंकरजी ने उन्हें दो रोज 'प्रताप' अखबार के दफ्तर में रखा और कुछ रुपया देकर उन्हें बनारस भेज दिया। बनारस से उनके साथियों ने उन्हें डाल्टनगंज के इंजीनियर साहब के दफ्तर में नौकर रखवा दिया। करीब 8 महीने वे वहाँ मुलाजिम रहे। किसी तरह पुलिस को खबर हो जाने से वे वहाँ से फिर कानपुर आ गए।
>
> कानपुर में फिर दो रोज 'प्रताप' अखबार के दफ्तर में इनका कयाम हुआ। गणेश शंकरजी ने फिर इन्हें दो सौ रुपए देकर भोपाल रवाना कर दिया। भोपाल में ये दो महीने अपने भाई शहंशाह खाँ के पास रहे। उनके

हजार रोकने पर भी ये भोपाल में न रुके। उनसे कहा कि यहाँ रहकर मैं क्या करूँगा, क्योंकि मुझे तो मुल्क की खिदमत करनी है। वे वहाँ से दिल्ली अपने दोस्त सैयद हबीब अहमद के पास, जो सदर बाजार दिल्ली में एक बालाखाने पर रहते थे, गए।

ये सैयद हबीब अहमद साहब शाहजहाँपुर के रहनेवाले थे और अशफाक उल्ला खाँ के सहपाठी और बहुत बड़े दोस्त थे। ये तहरीके हिजरत के जमाने में मय चंद अपने साथियों के मास्को चले गए थे और मास्को में प्रोपेगंडा कॉलेज में दाखिल हो गए थे। मास्को की हुकूमत से मय अपने चंद साथियों के साथ हिंदुस्तान वापस आ गए। दर्रा-ए-खैबर पर इन लोगों को ब्रिटिश हुकूमत के हुक्म से गिरफ्तार कर लिया गया और मुकदमा चलाया गया और इन लोगों को मुखतलिफ सजाएँ दी गईं।

सैयद हबीब अहमद के वालिद सैयद मुश्ताक अहमद वायसराय दफ्तर में बड़े ओहदे पर तैनात थे। उन्हें हबीब अहमद के जरिए मालूम हो गया था कि अशफाक उल्ला खाँ दिल्ली में मौजूद हैं। उन्होंने अपने बेटे सैयद हबीब अहमद पर जोर डाला कि अशफाक उल्ला खाँ को गिरफ्तार करा दो। इनके गिरफ्तार होने पर दो फायदे होंगे, एक तो यह कि तुम्हारी हिस्ट्रीशीट बंद हो जाएगी और तुम्हें इनकी गिरफ्तारी का इनाम मिलेगा। बड़ा सरकारी ओहदा भी मिल जाएगा, लेकिन सैयद हबीब अहमद इस बात पर राजी न हुए थे।

सुना जाता है कि बाप के मजबूर करने पर ही उन्होंने अशफाक उल्ला खाँ को एक दिन गिरफ्तार करा दिया। मुकदमा चलाए जाने के बाद अशफाक को लखनऊ जेल से पाँच सजाएँ दी गईं, दो मुकदमों में फाँसियाँ दी गईं और तीन मामलों में काला पानी की सजाएँ। इनके गिरोह में सबसे ज्यादा सजाएँ इनको ही दी गईं। इन सजाओं को सुनकर अशफाक उल्ला खाँ ने जज साहब का शुक्रिया अदा किया और अदालत से कहा कि इससे कम सजा देना मेरे लिए बाइसे तौहीन थी।

इसके बाद इनकी अपील चीफ कोर्ट में पेश हुई। वहाँ से सजाएँ बहाल रखी गईं। इसके बाद इनकी अपील यू.पी. विधानसभा के मेंबरों ने की और इनकी अपील भी यू.पी. के गवर्नर के यहाँ हुई, जिसे गवर्नर साहब ने खारिज कर दिया। इसके बाद वायसराय साहब बहादुर के यहाँ मर्सी अपील (दया की प्रार्थना) की गई, जो दिल्ली असेंबली के 85 मेंबरों ने की और मैंने कोशिश करके पाँच आदमियों का डेपुटेशन वायसराय साहब बहादुर के पास

भिजवाया, जिनके नाम ये हैं—श्री लाला लाजपत राय, श्री मदनमोहन मालवीय, सर नवाब जुल्फिकार अली खाँ, मिस्टर दास और सर याकूब।

वायसराय साहब ने अपना मत प्रकट किया कि आइंदा इसकी मिसाल न दी जाए। ये लोग खुशी-खुशी वापस आए और मुझे लांगवुड होटल शिमला पर मुबारकबाद दी और कहा कि सजा रखी जाएगी, पर फाँसी नहीं होगी। सजा हम तीन-चार साल में मुआफ कर देंगे। उन्होंने मुझसे कहा कि आप अपने मकान पर जाइए। सजा-ए-मौत न दी जाएगी। मैं वापस चला आया।

15 रोज बाद मेरे एक दोस्त ने, जो वायसराय दफ्तर में नौकर थे, मुझे खत लिखा कि दया की प्रार्थना खारिज हो गई और सजा-ए-मौत बहाल रही, क्योंकि यू.पी. के गवर्नर साहब ने वायसराय साहब बहादुर से अपना विरोध प्रकट किया था कि अगर ये लोग छोड़ दिए जाएँगे, तो हम यू.पी. की बगावत के जिम्मेदार नहीं होंगे। अपील खारिज होने पर 16 अक्टूबर, 1927 को सजा-ए-मौत मुकर्रर हुई।

मैं अशफाक उल्ला खाँ से मिला। उन्होंने मुझसे कहा कि श्री गणेश शंकर विद्यार्थी से मिलिए। मैं वहाँ गया तो मालूम हुआ कि विद्यार्थीजी सख्त बीमार हैं और किसी से मिलते नहीं। मैं जनाने दरवाजे पर गया। इत्तला कराई, तो मैं अंदर बुला लिया गया। मकान के बालाखाने पर बुलाया गया। वहाँ एक लंबा कमरा था, जिसमें विद्यार्थी जी पलंग पर लेटे थे। वे सावधान हो चुके थे। मैं जब बालाखाने के दरवाजे पर गया, तो देखा दो औरतें बैठी हैं। मैं झिझका, बहुत कमजोर आवाज में विद्यार्थीजी ने फरमाया, अंदर आ जाइए। एक आपकी भावज हैं और दूसरी आपकी भतीजी। मैं अंदर गया। विद्यार्थीजी के आँसू जारी थे, जिन्हें वे बराबर रूमाल से पोंछ रहे थे। उन्होंने मुझसे कहा कि आप कृपाशंकर हजेला एडवोकेट से तार दिलवा दीजिए कि हम प्रिवी काउंसिल में अपील करेंगे। सजा-ए-मौत अभी टाल दी जाए। आप घर जाइए, हम आपको रुपया भेज देंगे। मैं वहाँ से घर आया और तार दिलवा दिया।

दूसरे रोज मैं शाहजहाँपुर से लखनऊ वापस आया और मैंने पचास पौंड कृपाशंकर हजेला एडवोकेट को दे दिए। उन्होंने तार गवर्नमेंट को भेज दिया। मैं रुपया जमा कर चुका था कि श्री गणेश शंकर विद्यार्थी का एक आदमी एक लिफाफा सील मुहर लगा हुआ लेकर आया। मैंने खोलकर देखा, तो 1200 रुपए के नोट थे। चूँकि मैं रुपया जमा कर चुका था, इसलिए रुपए की जरूरत नहीं थी। मैंने एक लिफाफा श्री कृपाशंकरजी से लेकर एक पर्चे पर गणेश

शंकर जी का शुक्रिया अदा करते हुए लिखा कि चूँकि मैं रुपया जमा कर चुका हूँ, अब इन रुपयों की जरूरत नहीं। अतः वापस किए जाते हैं। लिफाफे में बंद करके हजेला साहब की मोहर लगाकर रुपए मैंने वापस कर दिए। खत में लिख दिया कि आपका हजार-हजार शुक्रिया।

श्री कृपाशंकर हजेला साहब ने कुल मुकदमे के कागजात और मिस्टर सी.बी. गुप्ता एडवोकेट को विलायत के लिए रवाना करा दिया। विलायत में अपील पेश होने पर खारिज हो गई और तारीख 19 दिसंबर, 1927 को सजा-ए-मौत के लिए मुकर्रर हुई। मैं अशफाक से मिला। वह निहायत खुश थे, मुझसे बोले कि एक दिन मौत का मुकर्रर है। एक दिन पेश्तर यानी 18 दिसंबर, 1927 को अशफाक उल्ला खाँ ने एक तार कंडेम्ड सेल से विद्यार्थी के नाम मुझे दिया। उसमें लिखा था कि 19 दिसंबर को 2 बजे दिन में लखनऊ स्टेशन पर मुझसे मिलना। उम्मीद है कि आप मुझसे आखिरी मुलाकात जरूर करेंगे और एक खत गणेश शंकरजी के नाम मुझे दिया कि मेरे भाई तबाह व बरबाद हो चुके हैं। मेरी कब्र पुख्ता बनाने का इंतजाम आप करें और मेरे भाइयों का खयाल रखें और वक्त जरूरत उनकी मदद करें। इनहें फरामोश न करें। तार मैंने भेज दिया।''

गणेश शंकर विद्यार्थी को अशफाक से एक भाई की भाँति बहुत लगाव था। जब अशफाक गिरफ्तार हुए, तो उन्हें इसका बेहद अफसोस हुआ कि उनकी गिरफ्तारी में उनके ही किसी मित्र की भागीदारी थी।

□

गिरफ्तार हुए अशफाक

अशफाक पुलिस की गिरफ्त में अभी तक नहीं आए थे। शाहजहाँपुर और उसके आस-पास के इलाकों को खुफिया पुलिस ने अपनी गिरफ्त में ले लिया था। खुफिया पुलिस उन्हें गिरफ्तार करने के लिए तरह-तरह के भेष बदलकर कभी उनके घर तो कभी उनके मिलने-जुलनेवालों के घर पर आ धमकती थी, लेकिन अशफाक वहाँ हों तभी तो मिलें।

सरकार ने अशफाक पर भारी-भरकम इनाम की घोषणा की हुई थी। बस, यही इनाम का लालच उनके एक साथी के दिमाग को जकड़ गया। इनाम के लालच में उस देशद्रोही ने विश्वासघात कर अशफाक को पुलिस के हाथों गिरफ्तार करा दिया। उन्हें इस बात का जरा भी पता न था कि कोई उनका अपना ही उनके साथ गद्दारी करने पर उतारू हो गया है। उस विश्वासघाती की शह पर अशफाक को पुलिस ने गिरफ्तार कर लिया। उन्हें गिरफ्तार कर डिस्ट्रिक्ट जेल, लखनऊ भेज दिया गया।

नूर अहमद बैरिस्टर ने तार द्वारा अशफाक की गिरफ्तारी की खबर उनके भाई रियासत उल्ला खाँ को भेजी। यह खबर मिलते ही रियासत दिल्ली की ओर दौड़े। जब वे दिल्ली पहुँचे तो वहाँ उन्हें बड़ी विकट परिस्थितियों का सामना करना पड़ा, जिसका उन्होंने अपने शब्दों में इस प्रकार वर्णन किया—

> "बैरिस्टर साहब ने टेलीफोन से जेलर साहब से दरियाफ्त किया कि अशफाक उल्ला खाँ के बड़े भाई अशफाक से मिलना चाहते हैं। जेलर साहब ने कहा कि तीन बजे उन्हें भेज दीजिए, मुलाकात हो जाएगी। मैंने बैरिस्टर साहब से वादा किया कि अगर यहाँ मुकदमा हुआ तो आपको बैरिस्टर करूँगा

और कल सुबह आपसे मिलूँगा। बैरिस्टर साहब ने फरमाया कि इत्मीनान रखिए, हम फौरन छुड़ा लेंगे, मामला क्या है। हमने ऐसे हजारों मामले छुड़ा दिए हैं। मैं जेल में गया। जेलर साहब मुसलमान थे। मुझसे फरमाया कि आप कौन हैं। मैंने कहा कि अशफाक उल्ला खाँ का बड़ा भाई हूँ, आपने तीन बजे बुलाया था, हाजिर हुआ हूँ। जेलर साहब ने कहा कि दरख्वास्त लिखा लाओ।

बड़ी दिक्कत से दरख्वास्त लिखाई, चार आने लिखाई के दिए। दरख्वास्त दी। दफ्तर में अशफाक उल्ला खाँ बुलाए गए। वे आए, मैंने देखा कि सिर्फ एक साड़ी बाँधे हुए थे, जो बंगाली नमूने से बाँधी गई थी। एक कमीज कॉटन फाखतई मलमल की पहने हुए थे, कोट सब्ज रंग का पहने थे, जो मोटा था, पैर में बूट जूता था और सिर नंगा था। हालाँकि कई कपड़े उनके थे, लेकिन उन्हें उस वक्त तक न दिए गए थे, जिसकी वजह से सख्त तकलीफ थी। मुझसे गुफ्तगू करते रहे और हँसते रहे। निहायत मुतमइन थे और वही मुसकराहट फाँसी के तख्ते पर भी थी। निस्फ घंटा गुफ्तगू रही। कहा कि वालिदा साहिबा से सलाम अर्ज कीजिएगा और यह अर्ज कीजिएगा कि आप कतई परेशान न हों। खुदा का जो हुक्म होगा, वही होकर रहेगा। बगैर उसके हुक्म के जर्राह भी अपनी जगह से हिल नहीं सक़ता। फिर परेशान होने से क्या फायदा।

मैंने बैरिस्टर साहब की गुफ्तगू बयान की। उस पर वह बहुत हँसे और बोले कि पुलिस ने मुझे कोर्ट में ले जाकर पेश किया। वहाँ मिस्टर नूर अहमद साहब बैरिस्टर मौजूद थे। मौसूफ ने मुझसे फरमाया कि आप कौन हैं। मैंने अपना कुल हाल बताया। बैरिस्टर साहब ने फरमाया कि आपका कोई पैरोकार है या नहीं। मैंने जवाब दिया कि मेरी गिरफ्तारी की किसी को खबर नहीं है। अगर आप तकलीफ फरमाकर तार दे दें और मेरे भाई को मुत्तला फरमा दें, तो वे आ जाएँगे। उस पर मिस्टर नूर साहब ने पता दरियाफ्त किया। मैंने बड़े भाई मुहम्मद शफी उल्ला खाँ का पता बताया, जो बैरिस्टर साहब ने नोट कर लिया। अशफाक उल्ला खाँ ने यह भी कहा कि तार के दाम वे आकर आपको दे देंगे। अशफाक उल्ला खाँ ने कहा कि बैरिस्टर साहब यहाँ पैरवी किस बात की करेंगे, जबकि मुकद्‌मा लखनऊ में चलेगा। मैंने कहा कि बैरिस्टर साहब मुझसे फीस यक योम (दिन) की माँगते हैं। अशफाक उल्ला ने पूछा कि फीस किस बात की। क्या तार देने की फीस, मैंने तार देने के लिए कहा था। अगर उसकी फीस मुबलिग एक सौ माँगते हैं, तो उन पर अल्लाह रहम करे। बेशक तार के दाम देना फर्ज है, दे दीजिए। अगर मुकदमा यहाँ होता, तो उन्हें

बैरिस्टर कर लिया जाता। पुलिस रिमांड लिया है। मजिस्ट्रेट वगैरह आएँगे और लखनऊ ले जाएँगे। हाँ, मेरी एक फोटो पुलिस ने लेकर अपने कब्जे में कर ली है। यह उससे शिनाख्त में मदद लेंगे। मेरी शिनाख्त की कार्यवाही कायदे से यहीं होनी चाहिए। मैंने अदालत से भी कहा कि मेरी फोटो मेरे सामने जाया कर दी जाए, लेकिन कोई सुनवाई नहीं हुई और मुझे तौलिया तक नहीं दी, जिसमें मैं अपना मुँह छिपा सकूँ। मैंने अशफाक उल्ला से पूछा कि मैं यहाँ रहूँ। उन्होंने कहा कि बेकार है। आप घर जाइए, फिर आइएगा, क्योंकि अभी मुझे यहाँ रहना होगा।

मैं रात की ट्रेन से शाहजहाँपुर के लिए रवाना होकर घर आ गया। यहाँ आकर सब हाल बयान कर दिया। सुबह सी.आई.डी. का एक कांस्टेबल सैयद फरजंद अली मेरे मकान पर आया। यह शाहजहाँपुर से लखनऊ तैनात किया गया था। उसने मुझसे कहा कि आपको मिस्टर ऐनुद्दीन स्पेशल मजिस्ट्रेट ऑफ इंडिया ने लखनऊ बुलाया है। मैं उनके हमराह लखनऊ गया। मिस्टर ऐनुद्दीन ने चाय वगैरह पिलाई, क्योंकि इनसे देरीना ताल्लुकात थे, मेरे और मेरे बहनोई अब्दुल कादिर खाँ साहब डिप्टी-कलेक्टर के। खान बहादुर तसद्दुक हुसैन साहब भी थे। ये दोनों साहब मुझे मोटर पर सवार कराकर अपने हमराह मिस्टर हार्टन सुपरिंटेंडेंट सी.आई.डी. के बँगले पर ले गए। पेश्तर ऐनुद्दीन स्पेशल मजिस्ट्रेट और खान बहादुर तसद्दुक हुसैन साहब ने मिस्टर हार्टन से मुलाकात की। मिस्टर ऐनुद्दीन मिलकर चले गए और मुझसे कह गए कि यहाँ से वापसी पर मुझसे मिलकर जाना।

खान बहादुर तसद्दुक हुसैन मिस्टर हार्टन से मिलाने मुझे ले गए। मिस्टर हार्टन ने मुझसे कहा कि अगर आप लोगों का रवैया अच्छा न रहा, तो हम आप लोगों पर मुकदमा चलाएँगे। मैंने साहब बहादुर से कहा कि रवैया कैसा रहे। क्या अशफाक उल्ला खाँ के मुकदमे की पैरवी न की जाए। आप क्या चाहते हैं? साहब बहादुर ने फरमाया कि जायज पैरवी की जाए, नाजायज न की जाए। साहब बहादुर ने फरमाया कि अगर अशफाक उल्ला खाँ इकबाले जुर्म कर लें, तो उसे फायदा पहुँच सकता है। सरकारी गवाह नहीं हो सकता है, क्योंकि बनारसीलाल हो चुका है। हम अदालत से सिफारिश करेंगे तो सजा में कमी हो जाएगी। बशर्ते कि ताजा खबर दे।

मैं वहाँ से रुखसत होकर मिस्टर ऐनुद्दीन के बँगले पर गया। उन्होंने बेहद असरार किया और खाना अपने हमराह खिलाया। मैं न खाता था।

उन्होंने मुझसे कहा कि मैंने आपके बहनोई के यहाँ रहकर महीनों आपके हमराह खाना खाया है, फिर आप क्यों इनकार करते हैं। मजबूर होकर बादिले नाख्वास्ता (दिल से न चाहते हुए) उनके हमराह खाना खाया। मुझसे मिस्टर ऐनुद्दीन ने कहा कि सजा में कमी हो जाए (यह वाकया तब का है, जब अशफाक उल्ला खाँ दिल्ली जेल में थे और बनारसीलाल सरकारी गवाह हो चुका था) इतना ही काफी है।

ऐनुद्दीन साहब ने मुझसे कहा कि कल हम दिल्ली जा रहे हैं, आप भी दिल्ली आ जाइए। मैंने वायदा किया और मकान शाहजहाँपुर आ गया और दूसरे दिन दिल्ली रवाना हुआ। रास्ते में हापुड़ स्टेशन पर, जिस ट्रेन में मैं था, मिस्टर ऐनुद्दीन और मिस्टर तसद्दुक साहब भी चढ़े। दिल्ली पहुँचकर जेल भी गया, लेकिन जेलर साहब ने मुलाकात नहीं होने दी। मैं कोरोनेशन होटल आया। मिस्टर ऐनुद्दीन मजिस्ट्रेट और खान बहादुर तसद्दुक हुसैन साहब से मिला। उनसे कहा कि मेरी मुलाकात न हुई, जेलर साहब ने इनकार कर दिया। दोनों ने कहा कि हमारे हमराह चलना, मुलाकात हम करा देंगे। मिस्टर ऐनुद्दीन का खयाल था कि शायद इसी मुलाकात से यह फायदा हो कि अशफाक उल्ला खाँ इकबाले जुर्म कर देंगे और इसी बिना पर, बजरिए टेलीफोन, मेरी मुलाकात रोक दी गई थी कि मुझ पर असर पड़े कि हमने मुलाकात करा दी। मैं मिस्टर ऐनुद्दीन के ताँगे में उनके हमराह सवार होकर जेल गया। मजिस्ट्रेट के हुक्म से मेरी मुलाकात हो गई।

मैंने मिस्टर हार्टन, मिस्टर तसद्दुक हुसैन और मिस्टर ऐनुद्दीन की कुल गुफ्तगू अशफाक उल्ला से बयान की। वह बहुत हँसे और बोले कि भैया (क्योंकि वे मुझे भैया कहा करते थे), मैं क्या इकबाले जुर्म करूँ। जब मैं एक भी बात नहीं जानता हूँ, फिर क्या बयान करूँ। दूसरे मुझसे यह नहीं हो सकता कि ख्वामख्वाह पुलिस के कहने से किसी नाकरदा गुनाह का, जिसका मैं नाम तक नहीं जानता हूँ, नाम ले दूँ। यह बखूबी जानता हूँ कि मुझे फाँसी देने की तजवीज है। अच्छा है, अगर हुक्म खुदा यूँ ही है तो क्या चारा। मैं बिलकुल तैयार हूँ, मिसरा—सरे तसलीमे खम है, जो मिजाजे यार में आए। अगर मेरे फाँसी देने से सी.आई.डी. की खुशी पूरी होती है, तो अच्छा है, क्योंकि मैंने तो आजादिए हिंद का बीड़ा उठाया था, जो अभी खुदा को मंजूर नहीं। मुल्क को फायदा पहुँचाने का खयाल था। यह सी.आई.डी. और पुलिस सब पब्लिक हैं। बहरहाल, मेरी मौत से इनको फायदा हो जाएगा। हेड कांस्टेबल सब-

इंस्पेक्टर, डिप्टी-सुपरिंटेंडेंट हो जाएँगे। यह क्या कम फायदा मुल्क के लोगों को पहुँचेगा।

मुझसे कहा कि भैया वालिदा साहिबा के दस्तबस्त सलाम अर्ज कीजिएगा और अर्ज कीजिएगा कि आप सब्र से काम लें, सब्र को हाथ से न जाने दें। उसका जो हुक्म होगा, वह होकर रहेगा। एक खत मैंने दिल्ली जेल से भाई माशूक उल्ला खाँ के नाम रवाना किया है, पहुँचा है या नहीं? तब मुझे खयाल हुआ कि आज मुझसे खान बहादुर तसद्दुक हुसैन ने पूछा था कि माशूक उल्ला खाँ भी अशफाक उल्ला खाँ गिरोह के आदमी हैं। मैंने कहा कि हाँ भाई हैं मेरे, तो खान बहादुर साहब ने कहा कि उनके नाम अशफाक ने खत भेजा है, आपके कैसे भाई हैं। मैंने कहा कि वह मेरे हकीकी फूफीजाद भाई हैं। एक मकान में रहते हैं, निहायत नेक हैं। जब उन्हें इत्मीनान हुआ, तब उन्होंने खत जरिया डाक रवाना किया जो अशफाक उल्ला ने दिल्ली जेल से रवाना किया था। जेलर साहब ने पुलिस को दे दिया था। मैं जेल के ही दफ्तर में था कि खान बहादुर तसद्दुक हुसैन ने टेलीफोन से जेलर को इत्तला दी कि आठ बजे रात को लारी आएगी। अशफाक लखनऊ जाएँगे। मुझे मालूम हो गया था। जब अशफाक उल्ला ने और बातों के बाद मुझसे कहा कि आप बेकार आए हैं। आज सब इंतजाम मेरे जेल से भाग जाने का हो गया है, रस्सी वगैरह सब सामान मुकम्मल है, आपका आना बुरा हुआ है। मैंने कहा कि यह सब बेकार हो गया, क्योंकि अभी टेलीफोन आया था कि तुम रात के आठ बजे लखनऊ ले जाए जा रहे हो। यह सुनकर वे खामोश हो गए और बोले कि जो मर्जी मौला-अज-हमा-औला (सबसे बड़ी है)। उनसे मिलकर चाँदनी चौक आया, खाना खाया। वहाँ से स्टेशन पहुँचा।

प्लेटफॉर्म पर खान बहादुर तसद्दुक हुसैन और मिस्टर ऐनुद्दीन मिले। मुझसे अशफाक उल्ला खाँ को लखनऊ ले जाने के लिए न कहा। मेरी गाड़ी आ गई थी। मैं सवार होकर चला तो इन दोनों साहिबान ने मुझसे कहा कि परसों लखनऊ आना। मेरी रवानगी के बाद अशफाक उल्ला खाँ को बराह अलीगढ़ चक्कर देकर लखनऊ ले गए और रास्ते में इंतजाम किया था। गवाहान को स्टेशनों पर पेशतर से खड़ा कर दिया था और बहुत अच्छी तरह शिनाख्त करा दी थी। फिर लखनऊ ले जाकर सुबह लखनऊ जेल में कैदियों में मिलाकर शिनाख्त करा दी थी। 27 अशखास से शिनाख्त करा दी। न कोई वकील था, न कोई हमारा आदमी था। हालाँकि और मुलजिमान की शिनाख्त

इतने आदमियों से नहीं की थी। इन्हें खुद दिखाकर, फोटो दिखाकर शिनाख्त करा दी। जबकि यह दो साल के बाद गिरफ्तार हुए थे। यह बात गौरतलब है कि कितनी नाइनसाफी की गई।''

अशफाक को अपनी माँ से बेहद लगाव था। उन्हें इस बात की चिंता सता रही थी कि उनकी गिरफ्तारी और फिर उन्हें मिलनेवाली सजा का उनकी बुजुर्ग माता को बहुत दुःख होगा। उन्होंने अपनी सलामती को लेकर अपनी माता के नाम डिस्ट्रिक्ट जेल, लखनऊ से एक खत लिखा—

''जनाब वालिदा साहिबा,

बाद अदब ये गुजारिश-खिदमते-बारबकत है कि बंदा खैरियत से है और सेहनबरी मिजाजे आंजनाबा नेक मतलूब।

4 जून को मुकदमे की सुनवाई खत्म हो गई और असेसरान की राय भी ले ली गई। यह सुनकर आपको बहुत दुःख होगा कि मोअज्जज हिंदुस्तानी असेसरान ने क्या राय दी।

मैं आपको हरगिज न लिखता, मगर इसे अपना फर्ज समझता हूँ कि अपने मुकदमे के हालात से आपको आगाह कर दूँ। यह तो आप जानती ही हैं कि चार असेसरों में से एक का इंतकाल हो गया था और तीन बाकी रह गए थे, जिनमें से एक खुदातरस बूढ़े ने हमें बिलकुल बेकसूर कहा और दो ने न सिर्फ खुफिया साजिश करनेवाला कहा, बल्कि डाकू भी कहा।

खैर, मुझे तो इसका अफसोस बिलकुल भी नहीं, आप करें तो करें। ये हिंदुस्तानी ही तो हैं, जो हम पर जुल्म कर रहे हैं। वे भी हिंदुस्तानी ही तो थे, जिन्होंने मुझे इस मुकदमे में खामखाह घसीटा।

अगर अंग्रेज मेरे खिलाफ हों और मुझ पर ज्यादती करें, हम बजानिब हैं क्योंकि अपने मुल्क को फायदा वे इसी हाल में पहुँचा सकते हैं कि हम पर हुकूमत करें, मगर ताअज्जुब तो इन हिंदुस्तानियों पर है, जो इस तरह खामखह बगैर समझे-बूझे महज खुशनूदीए मिजाज की खातिर हाँ में हाँ मिला देते हैं। वे यह नहीं जानते कि हकीकतन उनकी क्या इज्जत अंग्रेज कौम के दिल में है। अंग्रेज किसी भी ऐसे इनसान को पसंद नहीं करते, जो काम निकालने की खातिर उनकी पीठ ठोक दिया करते हैं।

खैर, मुझे इस मसले पर बहस नहीं करनी है। मुझे तो आपको समझाना है। आपसे इस बात के लिए कहना है कि आप जैसी जईफ के लिए न सिर्फ

बेजा, बल्कि जुर्म होगा यानी सब-ओ-सुकून के बारे में। बजाहिर सब्र तल्ख मालूम होता है कि मगर बाद में मीठा फल देता है।

मैं बचपन से आपकी सब्र अजमा तबीयत देखता चला आ रहा हूँ और आपको एक साबिर और राजीबरजाय मोला (ईश्वर की इच्छा पर रजामंद) पाया। यूँ ही मैं आज पाक खुदा के नाम पर आप सबके लिए अपील करूँगा। आपकी उम्र का आखिरी हिस्सा निहायत अफसोसनाक और तकलीफ भरा है, मगर यह सब महज इस वजह से है कि खुदा का हुक्म यही है। आराम व राहत, तकलीफ व मसाइब (मुसीबत) सब उनके हुक्म के ताबे हैं। तारीखे-मजहबी पर एक सरसरी नजर डालिए। अच्छा, वाकिए कर्बला को ही लीजिए—क्या किसी मजहब की ऐसी दर्दनाक और खूनी तारीख मिलेगी कि ख्वातीन खानदाने-नबी को अपने बच्चों और घरवालों के जनाजे देखने पड़े? क्या उनकी दानिश्त और इल्म में नेजों, तलवारों और तीरों का निशाना न बनाए गए? सब कुछ हुआ और क्यों? महज इसलिए कि आइंदा जब किसी पर दु:ख और तकलीफ आए, वह इस मिसाल को अपने सामने रखे और सब्र करे।

आपको इस किस्म की मिसालें देना हिमाकत होगी, क्योंकि बफजले-ताआला आप मुझसे ज्यादा लायक और वाकिफ हैं। मैं अब इसे मजाक समझता हूँ कि लिखूँ कि मैं बेकसूर हूँ, क्योंकि मेरा सबसे बड़ा कसूर यह था कि मैं मोटा-ताजा हूँ और मिस्टर खैरात नबी की बहस के मुताबिक मुझे बड़ा मुजरिम होना चाहिए। कोर्ट में वह मसखरापन हुआ कि खुदा की पनाह।

मुझे तो न पहले उम्मीद थी, न अब है, मगर भाई साहब और लल्लू भैया के कहने के मुताबिक सफाई वगैरह पेश कर दी और चाराजोई की—खैर, अब सुनिए, आपको मालूम हो जाना चाहिए कि खैरात नबी ने साफ अल्फाज में कह दिया है कि इंतहाई सजा मिलेगी। मेरे लिए तो यह एक बड़े मजे की बात है। मेरे लिए इससे ज्यादा फख्र की बात और क्या हो सकती है, मेरी माँ से बढ़कर मेरे खानदान में कौन-सी हो सकती है, जिसका बेटा जवाँमर्दी और बहादुरी से इस्तकामत व इस्तकलाल से रास्तबाजी (सत्यता) के साथ मासूमियत का जामा पहने हुए कुरबानेगाह वतन पर कुरबान हो जाए।

मेरे लिए सुकून व इत्मीनान यूँ ही है कि मैं अपने को मासूम समझता हूँ और आपके लिए सब्र भी यह काफी है कि आपका मासूम लड़का एक ऐसे

मकसद की खातिर जान से जाएगा, जो बड़ा ऊँचा, नेक और पाक है···।

जो इलजामात मुझ पर लगाए गए हैं, मैं कभी उनके लिए तैयार नहीं हूँ। हाँ, एक हिंदुस्तानी होने की वजह से अगर ये तमाम बातें हैं तो खैर, तमाम दुनियावी बादशाहतें खत्म हो जाएँगी···किब्रो-गरूर मिट्टी में मिल जाएगा···शौकत और हशमत का कहीं पता नहीं होगा; मगर हाँ, खुदावंद कुद्दूस के दरबार में वाकियात असली रोशनी में होंगे और वह हाकिम हकीकी, जिसने मूसा और फिरऔन का फैसला किया था, मेरा भी करेगा। चंद रोज जिंदगी पर खुश होने वाले इनसान जुल्मते-अद्दी करनेवाले सी.आई.डी. के लोग उस दिन मालूम करेंगे कि किसके सामने जवाबदेह हैं। आप खुदा शाकिर रहिए, सब्र कीजिए और मेरे लिए दुआ फरमाइए। अगर आपको मुझे शहादत की इज्जत देना मकसूद है, तो अज्मो इस्तकलाल, जुरअल व हिम्मत भी अदा करें और इम्तिहान के दिन मुझे बहादुर बनाएँ।

आप कभी अफसोस न करें कि मैंने ऐनुद्दीन साहब और तसद्दुक साहब के कहने पर अमल नहीं किया। क्या वे इस बात की गारंटी दे सकते थे कि मैं कभी नहीं मरूँगा? नहीं, मौत व जिंदगी खुदावंद करीम के हाथ में है और दुनियावी ताकतों से बालातर एक ताकत है, जो निजाम-ए-आलम को सँभाले हुए है। मौत और जिंदगी का साथ है। जो दुनिया में आया, वह एक रोज जरूर मरेगा, फिर ऐसी चीज जिसका आना लाजिमी है, जरूरी है। गम करना या खौफ खाना फजूल व अबस है। मैं अप्रूवर हो सकता था, मैं इंकलाबी बन सकता था, मगर दूसरों की जान फँसाने के लिए अपनी जिदंगी बचाने के लिए वह इनसान, जो अपनी जिंदगी की खातिर कमीनी हरकत करता है, क्या वह आनेवाली नस्लों के लिए बाइस-ए-नाज हो सकता है; नहीं, कभी नहीं।

मुझे इत्मीनान है, मुझे खुशी है कि आनेवाली नस्ल मुझे डरपोक व कमीना न कहेगी, बल्कि सच्चा व बहादुर कहेगी। दुनिया महज इसी पर मरती है कि मरने के बाद उसे बुरे अल्फाज से न याद किया जाए। मसजिदें, मदरसा, तालाब और कुएँ बनाकर छोड़ जाते हैं, ताकि बाद में याद रखे जाएँ। मेरी मासूमियत भी कभी फरामोश नहीं की जा सकती। बस, मुझे कुछ नहीं लिखना।

आपको फख्र करना चाहिए कि आपका बच्चा बहादुरी की मौत मरेगा। अगर मौत से मुकाबला करना पड़ा तो आपको भी एक बहादुर माँ साबित

करना होगा। क्या आपकी रगों में खालिस अफगानी खून नहीं है? क्या आप मेरी माँ नहीं हैं? आप पठान हैं, आप मेरी माँ हैं। यह आपके ही दूध का असर है, जो मैं इंतहाई खौफनाक बातों पर हँस देता हूँ।

आप मुझसे मिलने आएँगी, बोलो—व भाभी आएँगी, मगर बहादुर बनकर आएँ, जैसे पहले आई थीं। मुझे बहादुर बनाकर वापस जाएँगी। मैं आपसे मिलकर जबानी बातचीत करना चाहता हूँ। क्या मौत से पहले खुदा के हुक्म के बिना मुझे कोई मार सकता है या तकलीफ में डाल सकता है?

नहीं, कभी नहीं। फिर जो कुछ भी है, सब मिनजानिब अल्लाह है। इस पर सब्र करना शान-ए-बंदगी है। चंद बंद किसी के याद आ गए, लिखे देता हूँ, उनको पढ़ लीजिए।

लल्लू भैया जब इतवार को आएँ, तो महबूब से मिलते आएँ। अगर वे आएँ, तो हमराह लेते आएँ और बिस्तरबंद भी जरूर लाएँ, ताकि सामान और बिस्तर वगैरह बाँधकर दे दूँ, बिस्तरबंद भूलें नहीं—

"है अर्ज आज मादर-ए-नाशाद के हुजूर,
मायूस क्यों है आप आलम का है क्यों वफूर।
सदमा यह शाक आलम-ए-पीरी में है जरूर,
लेकिन न दिल से कीजिए सब्रो-करार दूर।
शायद खिजाँ से शक्ल अयाँ हो बहार की,
कुछ मसलहत इसी में हो परवरदिगार की,
ये जाल ये फरेब ये साजिश यह शोरो-शार,
होना जो है सब उसके बहाने हैं सर बसर।
असबाब जाहिरी हैं न उन पर करो नजर,
क्या जाने क्या हो परदये कुदरत से जलवागर।
खास उसकी मसलहत कोई पहचानता नहीं,
मंजूर क्या उसे है, कोई जानता नहीं।
राहत हो रंज हो कि खुशी हो कि इंतशार,
वाजिब हर रंग में है शुकर-ए-गिर्दबार।
तुम ही नहीं हो कुश्तए नेरंगे-रोजगार,
मातमकदे में दहर के लाखों हैं सोगवार।
सख्ती सही नहीं कि उठाई कड़ी नहीं,

दुनिया में क्या किसी पे मुसीबत पड़ी नहीं।
देखे हैं इससे बढ़के जमाने के इंकलाब,
जिनसे कि बेगुनाहों की उमरें हुई खराब।
सोजे दरूँ से कलबो जिगर हो गए कबाब,
पीरी मिटी किसी की किसी का मिटा शबा।
कुछ बन नहीं पड़ा जो नसीबे बिगड़ गए,
वह बिजलियाँ गिरीं कि भरे घर उजड़ गए।
पड़ता है जिस गरीब पे रंजो-महन का वार,
करता है इनको सब्र अता आप किर्दगार।
मायूस होके होते हैं इंसाँ गुनहगार,
यह जानते नहीं वह हैं दाना-ए-रोजगार।
इनसान उसकी राह में साबित कदम रहे,
गरदन वही है अमरीरजा में जो खम रहे।

इन अशआर को, जो किसी शायर ने लिखे हैं, पढ़िए और खुदा से मदद माँगिए। आप यह कभी भी खयाल न कीजिए कि आप नुकसान में हैं।

यहाँ पर मुझे एक किस्सा याद आ गया—इंग्लैंड के एक बड़े शख्स हिंदुस्तान आए। वे अपनी बीवी के हमराह आगरा गए। जब ताजमहल में पहुँचे तो उनकी बीवी ने कहा कि अगर कोई वादा करे कि मेरे मरने के बाद ऐसी आलीशान इमारत जैसा यह ताजमहल है, बनाकर मुझे दफन करेगा, तो इसी वक्त मैं खुद को गोली मारने के लिए तैयार हूँ। यह बात उस औरत ने कैसे कही, महज इस वजह से कि मरने के बाद वह ख्वाहिशमंद थी कि उसे याद किया जाए। हर शख्स की ख्वाहिश होती है कि मर जाने के बाद लोग उसे भूलें नहीं और याद करें। मैं फख्र करता हूँ कि ख्वाह मैं इस लायक था या न था, मगर मुझे लोग समझते हैं और हरगिज फरामोश न करेंगे।

मैं सी.आई.डी. का शुक्रगुजार हूँ कि उसने हमेशा की जिंदगी दे दी, मेरे खानदान को फख्र करना चाहिए। जो मैं हूँ, वह मैं खुद जानता हूँ और सी.आई.डी. भी खूब जानती है। खैर, अब खत्म करता हूँ। खुदा आपको सब्र अता फरमाए और मुझे इस्तकबाल दे।

भाई साहब, अब्दुल कादिर दादा, बुलू भाभी, दिल्लीवाली भाभी, शहादत

भाई की दुलहन को सलाम। रजी, अनीसा, खलील, रुकैया, सुल्ताना, महजबीन—सबको दुआ व प्यार।

अशफाक उल्ला खाँ
डिस्ट्रिक्ट जेल, लखनऊ।''

अशफाक को अपने भतीजों से भी बेहद लगाव था, जिनके नाम क्रमश: खलील व रजी थे, जो उनके भाई मुहम्मद शफीक उल्ला खाँ और रियासत उल्ला खाँ के पुत्र थे। अशफाक ने अपने भतीजों के नाम संदेश लिखा--

''प्यारे रजी व खलील।

जब तुम दुनिया में आओगे तो मेरी कहानी सुनोगे और मेरी तहरीर देखोगे। मेरी इस तहरीर को मेरे दिमाग का असर न समझना। मैं बिलकुल सही दिमाग का हूँ और अक्ल ठीक काम कर रही है। मेरा मकसद महज बच्चों के लिए लिखना यूँ है कि वे अपने फराइज महसूस करें और मेरी याद ताजा रखें।

तुम्हारा चचा चंद रोज बाद इस दुनिया में नहीं रहेगा और हमेशा के लिए तुम सबको छोड़ जाएगा। तुमसे वह कुछ नहीं चाहता और न कहना चाहता है। तुम्हारा खुदा मददगार है। तुम्हें परवान चढ़ाए, आला तालीम अता फरमाए, काबिल फख्रे खानदान बनाए—

किए थे हमने भी जो कुछ भी हमसे बन आए,
ये बातें जब की हैं आजाद थे और था शबाव अपना।
मगर अब तो जो कुछ भी हैं उम्मीदें सब वो तुमसे हैं,
जवाँ तुम हो लबे बाम आ चुका है आफताब अपना।

तुमको बुजुर्गों की राय पर चलना चाहिए। तालीम में तन, मन, धन लगा देना चाहिए। अपने को बेहतरीन इनसान साबित करना। बस, मेरी तुमसे इतनी ख्वाहिश है। मेरी मौत का खयाल रखना, वतन की मुहब्बत का मुझ पर इल्जाम लगाया गया है और यूँ ही मुझे सजा-ए-मौत मिली। जब तुम इस काबिल हो तो मेरे मुकदमे की कुल कार्यवाही पढ़ना। ज्यादा क्या लिखूँ, मेरी दुआएँ तुम्हारे साथ हैं।''

□

अशफाक का जेल-जीवन

अशफाक व उनके अन्य क्रांतिकारी साथियों को अलग-अलग जेलों में बंद किया गया था। इन सभी क्रांतिकारियों पर मुकदमा सेशन में चलाने के लिए एक सिनेमा हॉल किराए पर लिया गया। मुकदमे के दौरान भारी हंगामा भी देखने को मिला। इनमें से कुछ क्रांतिकारियों पर कई-कई गंभीर आरोप भी लगाए गए थे, जिनका कोई आधार ही नहीं था।

ए.एच.डी.वी. हेमिल्टन सेशन कोर्ट के विशेष न्यायाधीश थे। उनका व्यवहार भारतीयों के प्रति बड़ा ही क्रूर तथा रूखा था। अदालत के रूखे व्यवहार को देखते हुए क्रांतिकारियों ने विनती भी की कि उनके मुकदमे की सुनवाई दूसरे न्यायालय में हो, लेकिन ऐसा संभव नहीं हुआ।

जब क्रांतिकारियों को जेल से अदालत लाया जाता, तो वे पूरे जोश व उत्साह से 'इंकलाब जिंदाबाद' और 'वंदेमातरम्' जैसे क्रांतिकारी नारों का उद्घोष करने से बिलकुल भी न हिचकते थे। 'काकोरी के शहीद' नामक पुस्तक में क्रांतिकारियों के जेल-जीवन का वर्णन बड़े मार्मिक रूप में किया गया है—

> "देश-भक्ति और मर-मिटने की तमन्ना ने अभियुक्तों का जेल-जीवन भी आमोदमय बना रखा था। अभियुक्तों का कचहरी आने-जाने का दृश्य दर्शनीय होता था। वे वीरबाँकुरे, राजहंस जैसे राजकुमार और तपस्वी जिस तरह मोटर से उतरते थे, मालूम होता था कि मूर्तिमान सुरेश देवताओं सहित इहलोक में लीला देखने हेतु आए हैं।

पंडित रामप्रसाद 'बिस्मिल' के पीछे जब सब आत्माएँ 'वंदेमातरम्' गाती हुई चलती थीं, उस दृश्य में एक अलौकिक छटा थी, जिसका वर्णन

करने के लिए तुलसीदासजी के शब्दों में यही कहना पड़ता है कि 'गिरा अनयन, नयन बिनु बानी।'

धन्य हैं वे आँखें जिन्होंने जी भरकर उनकी मस्तानी अदा निरखी। उनके मोटर से उतरते ही 'वंदेमातरम्' और 'भारत माता की जय' और 'भारत प्रजातंत्र की जय' आदि के उद्घोष से कचहरी का वायुमंडल पवित्र हो जाता था। उन्हें देखने और उनके मधुर गीत सुनने के लिए हजारों की भीड़ इकट्ठी होती थी। अधिकारियों के हृदय इस नाद को सुनकर दहल उठते थे। बेचारे क्या करते, एक दिन कहीं ताव में आकर एक कांस्टेबल महाराज ने एक अभियुक्त के हाथ लगाया ही था कि स्वाभिमानी मस्तानी आँखों में खून उतर आया। फिर क्या था, दूसरी आफत खड़ी हो गई। एक नया मुकदमा पुलिस ने जिलाधीश के यहाँ दायर कर दिया, किंतु फिर आपस में समझौता हो गया।

अदालत का दृश्य तो एक खास खूबी रखता था। एक ओर पंडित रामप्रसाद, श्री योगश बाबू, श्री विष्णुशरण दुबलिश, श्री शचीन और श्री सुरेश बाबू अपनी स्वाभाविक स्वाभिमानता-मिश्रित गंभीरता से मुकदमा देखते-सुनते थे, तो बगल में ही मन्मथनाथ, राजकुमार, रामदुलारे, रामकिशन और प्रेमकिशन इत्यादि की चुहलबाजियों के मारे कोर्ट की नाक में दम था। यह दृश्य देखने के लिए अदालत के आस-पास खुफिया पुलिस के दूतों की भरमार होते हुए भी बहुत से लोग इकट्ठे रहते थे। कचहरी में कोई अच्छा प्रेस रिपोर्टर नहीं दिखाई पड़ता था। यदि कभी कोई अच्छा नया रिपोर्टर आ भी गया, तो पुलिस के मारे बेचारे की आफत थी।

हाँ, 'इंडियन डेली टेलीग्राफ' ने कुछ मनोयोग से इस ओर काम किया। शाम को जब इन लोगों की मोटर-लारी निकलती तो सड़क के दोनों ओर जनता काफी तादाद में उनकी बेड़ियों की झनकार में मस्ताना गाना सुनने के लिए खड़ी रहती थी। उनके गानों का वहाँ इतना आदर हुआ कि एक पैसे से लेकर दो-दो आने में उनके एक-एक गाने की प्रति बिकती थी।

कुछ शब्दों में उनकी जेल की दिनचर्या भी सुन लीजिए। यह कहने की आवश्यकता नहीं कि लखनऊ जेल के समस्त कैदी इन शहीदाने वतन पर बड़ी श्रद्धा रखते थे। जितने दिन तक ये लोग जेल में रहे, सब कैदी अपने-अपने दुख-दर्द भूल से गए थे। यहाँ ये लोग मस्ती में रहते थे, मगर कोई-कोई भावुक कैदी इनकी पवित्र आत्मा और भविष्य पर आठ-आठ आँसू रोता भी था।

इन शहीदों के चरित्र-बल ने जेल में ऐसा वातावरण पैदा कर दिया कि प्रत्येक कैदी की हार्दिक इच्छा होने लगी कि वह इन्हें यथाशक्ति आराम दे। इनकी इन जरूरतों को सब कैदी मुहैया कराने के लिए कटिबद्ध रहते थे। श्री सुरेश तथा श्री राजकुमार के गाने पर तो समस्त कैदी क्या, जेल के कर्मचारीगण भी मौजूद हो जाते थे। इन लोगों के साथ में ताश, हारमोनियम और इसराज इत्यादि भी थे। शाम को इनका कीर्तन जमता था। कभी कबड्डी खेलते थे, तो कभी कोई सदस्य अपनी नई शैतानी सबके सम्मुख पेश करता था। बड़े आनंद के दिन थे। केवल हँसी-खेल ही नहीं, सुरेश बाबू की मंडली में बड़े गंभीर विषयों पर मनन और वाद-विवाद भी हुआ करता था। अध्यात्मवाद, वस्तुवाद और आदर्शवाद—सभी की समय-समय पर विवेचना हो जाती थी। शचीन धर्मवाद और अध्यात्म के समन्वय का प्रतिपादन करना चाहते थे, तो पंडितजी के लिए सबसे यह कहलाकर मानते थे कि 'अब दीन है, तो यह है, ईमान है तो यह है।'

कभी-कभी इन विवादों में प्रांतीयता भी आ जाती थी, किंतु पंडितजी इन सब बातों पर तुरंत पानी फेर देते थे। इन लोगों में कुछ शाकाहारी थे, तो कुछ मछली-भातवाले भी। खान-पान में कभी-कभी कुछ बंगालीपन आ ही जाता था, किंतु ज्यादती कभी नहीं हुई। उसमें भी लोग आनंद ही अनुभव करते थे। रविवार के दिन सब अभियुक्त नियमपूर्वक रहते थे। यह सब के लिए पूजा का दिन था। सब लोग प्रसन्न दिखाई पड़ते थे। श्री राजकुमार और रामदुलारे अच्छा गाना जानते थे। उनका गाना शुरू होता, तो समा बँध जाता था। रविवार को सबसे अच्छा खाना बनता। सुरेश बाबू इस काम के लिए आगे आते।

एक बार रविवार के दिन 22 तरह की तरकारियाँ बनाईं और सबने मिलकर आनंदपूर्वक भोजन किया। करीब-करीब सभी व्यक्तियों ने जेल-जीवन में अपना कार्यक्षेत्र स्वयं ही बना लिया था। अब यदि इन पर कभी कोई ज्यादती होती, तो सुरेश तथा शचीन बाबू अपनी स्वभावोचित धैर्यशीलता से सबको समझाया करते। पंडितजी और श्री दुबलिश तो अपने स्वाभिमान का सदैव खयाल रखते। नवयुवक अपनी चुहलबाजियों के आवेग में कभी-कभी मारपीट भी कर बैठते थे, किंतु इतना होते हुए भी सबमें अनुशासन था, सब अपने बड़ों की आज्ञा मानते थे।

श्री प्रणवेश चटर्जी का जेल-जीवन बड़ा निराला था। हर वक्त उनकी

आँखें अलसाई हुई रहती थीं। चित्त प्रतिपल संताप से भरा रहता था। मालूम होता था, आप पर बहुत बड़ा दुर्व्यवहार और ज्यादती की गई है। आप बड़े भावुक हैं और सदैव अप्रसन्न रहते थे। ठाकुर रोशन सिंह सदैव निर्लिप्त और निर्विकार रहे। रहन-सहन से यह सबको भासित होता था कि आप हमेशा कुछ सोचा करते थे।

अशफाक उल्ला खाँ का जीवन हर दिशा में आदर्श था। आप बड़े अच्छे कवि थे। श्री अशफाक उल्ला और श्री शचीन बख्शी पहले बहुत दिन तक फरार रह चुके थे। अत: जब ये दोनों सज्जन दिल्ली और भागलपुर में क्रमश: पकड़े गए, तो पुलिस ने इन्हें बड़ा कष्ट दिया और इनके साथ कई प्रकार की ज्यादतियाँ भी की गईं। सभी इन्हें चाहते थे। कभी ये शेरों में ऐनुद्दीन साहब स्पेशल मजिस्ट्रेट को फटकार दिया करते थे। कहते हैं कि बचपन में ऐनुद्दीन साहब का अशफाक उल्ला खाँ के परिवार से संबंध था। अत: कभी-कभी इस बात का जिक्र करते हुए श्री अशफाक उन्हें बनाते बहुत थे। बनवारीलाल ने इन दिनों अपना बयान वापस ले लिया था। अत: वह बड़ा अनुतप्त और दुखी रहता था।

श्री भूपेंद्र सान्याल कुछ कमजोर अवश्य हो गए थे। कचहरी में एक बार श्री पार्वती देवी, भाई परमानंद और मौहम्मद शौकत अली भी मुकदमा देखने गए। सबसे हँसोड़ राजेंद्र लाहिड़ी थे। यहाँ तक कि वे बड़े-से-बड़े कर्मचारी के सम्मुख भी मीठी चुटकियाँ लेने से बाज नहीं आते थे। एक बार जब श्री दामोदर स्वरूप सेठ जी स्ट्रेचर पर अदालत लाए गए तो अभियुक्तों को बड़ा भारी मानसिक आघात पहुँचा। कटघरे के अंदर से ही एक ओर पंडित रामप्रसादजी शेर की तरह हिंदी में दहाड़-दहाड़कर हेमिल्टन साहब का सत्कार कर रहे थे; दूसरी ओर दुबलिशजी अंग्रेजी में ब्रिटिश गवर्नमेंट के न्याय-विधान की धज्जियाँ उड़ा रहे थे और बीच-बीच में बड़े उत्तेजनापूर्ण शब्दों में उस दिन की अदालत की कार्यवाही बंद कर देने के लिए उद्यत थे। हारकर उस दिन की अदालत उठी। फिर दुबारा सेठजी उस अवस्था में अदालत नहीं लाए गए। अभियुक्तों की विजय हुई।

जेल के अंदर अभियुक्तों ने प्राय: सभी त्योहार बड़े उत्साह से मनाए। सरस्वती पूजा, बसंत पंचमी और होली—अभियुक्तों के ये तीनों उत्सव खासतौर पर बहुत अच्छे हुए। बसंत के दिन जब सबने मिलकर गाना गाया, तो सबके हृदय में देश-भक्ति की हिलोरें उठने लगीं—

मेरा रंग दे बसंती चोला
इसी रंग में रँग के शिवा ने माँ का बंधन खोला।
यही रंग हल्दीघाटी में खुलकर के था खेला।
नव बसंत में भारत के हित वीरों का यह मेला।
मेरा रंग दे बसंती चोला ।

इनके त्योहारों में कितनी अपूर्वता थी। बसंत और होली का मूल्य और महत्त्व ये ही अनुभव कर सके होंगे। आनंद का दिवस था। नौकरशाही के हाथों हमारा भविष्य अंधकारमय तो निश्चित है ही। कुछ का इस होली और बसंत से अंतिम मिलन था, जिसकी कल्पना वे स्वयं भी करने लगे। अत: यह राग-रंग स्वाभाविक था। इस राग-रंग ने सबमें एक अद्‍भुत कवित्व शक्ति पैदा कर दी थी।''

जब अशफाक उल्ला खाँ और शचींद्रनाथ बख्शी दोनों को एक-दूसरे के सामने लाया गया और उनसे एक-दूसरे को पहचानने की बात कही गई, तो उन्होंने एक-दूसरे को पहचानने से इनकार कर दिया। अदालती सुनवाई के बाद दोनों क्रांतिकारियों को अलग-अलग कर दिया गया।

आगे चलकर अशफाक को फैजाबाद की डिस्ट्रिक्ट जेल भेज दिया गया। इसी जेल से 21 जुलाई, 1927 को अशफाक ने अपने भाई रियासत उल्ला खाँ को पत्र लिखा—

''भाईजान रियासत उल्ला खाँ,

जनाब भाई साहब किबला बसद अदब गुजारिश है कि मैं बखैरियत हूँ और खैर व आफियत लोगों की बदरगाहे रब्बे बेनियाज नेक—मतलूब कार्ड मुरसिला पहुँचा—हालात की आगाही (जानकारी) हुई। ऐनुद्दीन साहब के बारे में जो लिखा है, उनके लिए मुझे किसी का एक शेर याद आ गया। लिखे देता हूँ—

की मेरे कत्ल के बाद उसने जफा से तोबा,
हाय उस जूद पशेमाँ का पशेमा होना।

जिस-जिसने मुझे फाँसने की कोशिश की उन सबका शुक्रिया। अगर मेरी जान की कुर्बानी उन लोगों के मुफीदकार हो तो सहे किस्मत। मैं भला कहाँ किस काबिल था कि मैं दुनिया में किसी की तरक्की व नामबरी का बाइस होता? जिंदगी व मौत—यह तो दुनिया में चला ही जाता है। अगर

जिंदगी व मौत का साथ न होता, तो न तो जिंदगी का ही मजा रहता और न कोई मौत का खयाल रहता और न खुदा की खुदाई ही मानता।

जो पैदा हुआ और जिसने कुर-ए-आलम की हवा में साँस ली, उसके लिए मौत जरूरी हो गई। अजआदम ताईंदम। बड़े-बड़े अंबिया, औलिया व अतकिया, पहलवाना नेतुहमतन, हसीनानेदहर गरज कि सभी किस्म के आदमी आए और अपना-अपना पार्ट दुनिया के स्टेज पर खेल-खेलकर चले गए। अब न मूसा हैं, न फिरऔन, न यूसुफ हैं न अजीजे मिस्र, न कृष्ण हैं न कंस, न राम हैं, न कारून हैं और न उसका खजाना और न इमाम हुसैन हैं न यजीद।

हाँ, मगर उनकी याद, उनके कारनामे, उनके आमाल व अकवाल दुनिया के सामने मौजूद हैं और वे उनसे अच्छा या बुरा नतीजा निकालते हैं। दुनिया में आज मुझ पर इन डकैतियों के इल्जाम में फाँसकर सजा दे दी जाए। दें लें, हम बेबस हैं। हाँ, मगर हाँ, मुंसिफेहकीकी के यहाँ फैसला जरूर होगा। वहाँ न सी.आई.डी. की चालबाजी और न पब्लिक प्रोसीक्यूटर के ही आर्ग्यूमेंट चलेंगे, दूध का दूध और पानी का पानी होगा, मुझे इत्मीनान है, मुझे सुकून है, मैं खुश हूँ। मेरा फर्ज और क्या है, राजी बरजाए मौला रहना।

फैजे मुहब्बत से है, कैदे मेहन,
मेरे लिए एक बलाए हुस्ना

खुदा का खुद कौल है। दुनिया में जो कुछ होता है मिनजानिब अल्लाह होता है। यह हमारा ईमान है, पर यह भी खुदा की मर्जी है कि मैं फाँसी की कोठरी में बंद किया गया। इसमें भी कोई भलाई पोशीदा है, जो बादीउननजर में हम लोगों को मालूम नहीं होती। आप लोगों को सब्र-ओ-शुक्र से काम लेना चाहिए और जनाबे वालिदा साहिबा को अपनी नजर खुदा की तरफ करनी चाहिए।

अजब क्या है जो बेड़ा गर्क होकर फिर उभर आए,
कि हमने इंकलाबे चर्खे गरदूँ यूँ भी देखे हैं।

खुदा में बड़ी ताकत है, वह सब कुछ कर सकता है। दुआ करना इनसान का काम है, कबूल करना उसका। अगर जिंदगी की रस्सी दराज है, तो फैजाबाद से एक दिन दूसरी जगह जरूर जाएँगे, वरना यहीं से जिंदगी की आखिरी साँस लेकर दुनिया को खैरबाद कहेंगे और फिर रोजेकयामत जमीने फैजाबाद ही से उठकर खुदा-ए-रब्बेजलील से फरियाद होंगे। बहरहाल,

अभी तो मेरा समझाना बेकार है, क्योंकि मैं आप सबका छोटा हूँ। आप लोग खुद अक्लमंद हैं।

मेरी मुकदमे की अपील की समाअत शुरू हो गई होगी। न मालूम कैसा रंग है। आप हजेला साहब और गुप्ता साहब को लिख दीजिएगा कि मुझे बराबर मुत्तला करते रहें कि क्या रंग है? और नतीजे से मुफस्सिल तौर पर इत्तला दें। बख्शी के वालिद का क्या रहा? और उनकी बहन वगैरह या अभी नहीं? सब मुफस्सिल लिखिएगा।

बख्शी के वालिद के मुकदमे का फैसला जो भी हो लिखिएगा। अपील यहाँ से भेज दी है। कल नकले फैसला भी मिली थी। वह खुद वहाँ वापस हो जाएगी। देखिए, वकील कौन लिया जाएगा। आप लखनऊ चौधरी साहब से आकर मिलिएगा और मेरा सलाम कह दीजिएगा कि मेरे केस को आप करें और दीगर कार्यवाहियों से गाफिल न हों। अपील में चौधरी साहब का नाम, हजेला साहब का नाम लिख दिया है। अब देखिए कौन मिले, मगर आप कौंसिल के मुताबिक गाफिल न रहिएगा। अपना आदमी चीफ कोर्ट के अंदर होना जरूरी है। हजेला साहब से सलाम कह दीजिएगा, ज्यादा क्या लिखूँ। भाई साहब अगर आएँ और फल लाएँ, तो गालिबन मुझसे मिल सकते हैं। लखनऊ जेल में बनिस्बत यहाँ के ज्यादा आराम था। आज तो वही खाना मिलता है, जो एक अखलाकी मुजरिम को मिलता है। मगर आज से शायद सुपरिटेंडेंट साहब कुछ बेहतर दें। मगर कहाँ लखनऊ जेल और कहाँ फैजाबाद जेल—

हजार शेख ने दाढ़ी बढ़ाई सन की-सी,
वलै वह बात कहाँ मौलवी मदन की-सी।

खैर, फीअमानिउल्ला। बुजुर्गों की खिदमत में आदाब दस्तबस्ता कुबूल हो। बच्चों को प्यार, छोटों को दुआ—

हसरत बहुत है मरतबाए आशकी बुलंद,
मुझको तो मुफ्त लोगों ने मशहूर कर दिया।

खुदा का शुक्र है, ये दिन भी गुजर जाएँगे। रामप्रसाद का वकील कौन है या खुद वह चीफ कोर्ट में लाए जाएँगे और कौन-कौन किस-किसकी तरफ है। जाहिरा क्या असबाब हैं? भाई साहब जब यहाँ आएँ तो लखनऊ में हजेला साहब और गुप्ताजी से मिलकर आएँ और फल वगैरह भी लेकर

आएँ। मुन्नू भैया को मेरी खैरियत लिख दीजिएगा और वहाँ के अहबाब को सलाम को कहिए। जिनको लिखा था, उनसे सलाम कह दीजिएगा। अगर वे दोनों आ सकें तो आ जाएँ वरना उनकी मरजी।

मुसीबत और दु:ख में कोई किसी का दोस्त नहीं होता। बनी के सब साथी और दोस्त हैं, यही हाल उनका भी है। नई बात नहीं है। मेरा सबको सलाम। उम्मीद है, आप मुफस्सिल जवाब देंगे। सैयद को भी खत लिख देना कि मैं अच्छा हूँ और तुम्हारी सबकी मुहब्बत का ख्वाहा हूँ। लिख दीजिएगा कि बूढ़े को भी सलाम कह दें। मिस्टर जान को भी सलाम कह देना। अब देखना यह है कि आखिर क्या रहे। दुआ करो उससे, जिसको तुम नहीं जानते। खैर, खुदा मदद फरमाए। आमीन, यह इबारत बजिनसही लिख दीजिएगा।''

अशफाक और शचींद्रनाथ बख्शी को केंद्रीय जेल में अलग-अलग रखा गया था, फिर भी दोनों क्रांतिकारियों के बीच किसी-न-किसी तरह से गुफ्तगू हो ही जाती थी। इसके अलावा उन्हें अन्य क्रांतिकारियों की स्थिति का भी पता चल जाता था। क्रांतिकारी दल के नेता पंडित रामप्रसाद 'बिस्मिल' के बारे में एक दिन बख्शी को पता चला कि जेल के अंदर वे धार्मिक कट्टरवाद को बढ़ावा दे रहे हैं। उस स्थिति का वर्णन करते हुए उन्होंने लिखा—

''हमें मालूम हुआ कि पंडित रामप्रसाद हवालात में बहुत धार्मिक कट्टरता दिखाते थे तथा धर्म-प्रचार भी करते थे। मैंने जब इसका विरोध किया, तब अशफाक उल्ला ने यह बताया कि शायद पंडित रामप्रसाद ने यह आडंबर रखकर बचाव की कोई चाल खेली हो। वे भी खूब नियम के साथ नमाज वगैरह पढ़ने लगे। रोजे भी रखना शुरू कर दिया। नियमित रूप से नमाज वगैरह पढ़ने पर भी वे कट्टर कतई नहीं थे। धर्म को वे कभी रास्ते का रोड़ा बनते नहीं देख सकते थे। बल्कि ऐसा होने पर वे धर्म को रोड़े की तरह ठुकरा देना ठीक समझते थे। वे मुल्क की आजादी के सवाल को मजहबी मतभेदों से ऊँची चीज मानते थे। पहले वे देश को स्वतंत्र देखना चाहते थे। इसी से अशफाक उल्ला की धर्म-संबंधी उदारता का तथा उनके हृदय में हिलोरें लेती हुई देश-भक्ति का परिचय मिल जाता है।''

अशफाक धर्म और ईश्वर में बहुत गहरा विश्वास रखते थे। इस संबंध में स्वयं पंडित रामप्रसाद 'बिस्मिल' और शचींद्रनाथ बख्शी उनकी प्रशंसा करते नहीं थकते थे। अपने जेल-जीवन के दौरान भी अशफाक पाबंदी के साथ खुदा की

इबादत में मशगूल रहते थे। जेल-जीवन में अशफाक ने देश-भक्ति के जज्बे को यदा-कदा अपनी गजलों एवं अशआर में भी खूब उतारा है। उनके अशआर पढ़कर मालूम होता है कि वतन के लिए सिर पर कफन बाँधे फिरनेवाला यह मजबूत जिगरेवाला नौजवाँ अंदर से कितना उदार, भावुक और नरमदिल था।

□

शायर अशफाक (हसरत वारसी)

अशफाक महान् क्रांतिकारी होने के साथ-साथ एक बेहतरीन शायर भी थे। जब वे जेल में थे तब उन्होंने गजलें व कविताएँ लिखीं। उनकी गजलों में देश-भक्ति की भावना की झलक साफ तौर पर दिखाई देती है। अशफाक प्राय: अपने मूल नाम के बजाय 'हसरत वारसी' के नाम से गजल और अशआर लिखा करते थे।

उनकी कुछ चुनिंदा गजलें यहाँ प्रस्तुत हैं—

बहार आई हुई शोरिश जुनूने फितना सामाँ की,
इलाही खैर करना तू मेरे जेबो-गिरेबाँ की।

सही जज्बाते हुर्रियत कहीं मेटे से मिटते हैं,
अबस हैं धमकियाँ दारो-रसन की ओर जिंदा की।

वह गुलशन जो कभी आबाद था गुजरे जमाने में,
मैं शाखे-खुश्क हूँ हाँ-हाँ उसी उजड़े गुलिस्ताँ की।

नहीं तुमसे शिकायत हम सफीराने चमन मुझको,
मेरी तकदीर ही में था कफस और कैद जिंदा की।

करो जब्ते-मुहब्बत गर तुम्हें दावाए उल्फत है,
खामोशी साफ बतलाती है ये तसवीरे-जाना की।

यूँ ही लिखा था किस्मत में चमन पैराए आलम ने,
कि फसले-गुल में गुलशन छूटकर है कैद जिंदा की।

जमीं दुश्मन जमा दुश्मन जो अपने थे पराए हैं,
सुनोगे दास्ताँ क्या तुम मेरे हाले-परीशाँ की।

ये झगड़े और बखेड़े मेटकर आपस में मिल जाओ,
ये तफरीके-अबस है तुमसे हिंदू और मुसलमाँ की।

सभी सामाने-इशरत थे मजे से अपनी कटती थी,
वतन के इश्क ने मुझको हवा खिलवाई जिंदा की।

खुदा वाकिफ है जैसी गुजरती है गुजरती है,
सुनो मत दास्ताँ ए यार तुम बीमारे हिज्राँ की।

मिसाले-कैस दीवाना किसी लैला की खातिर में,
महीनों ठोकरें खाया किया कोहो-बियाबाँ की।

बहम्दुलिल्लाह चमक उट्ठा सितारा मेरी किस्मत का,
कि तकलीदे हकीकी की अता शाहे-शहीदाँ की।

इधर खौफे-खिजा है आशियाँ का डर उधर दिन को,
हमें खकसाँ है तफरीहे-चमन और कैद जिंदा की।

जब हसाई दरे-हजरत की हसरत अपना ईमाँ है,
मुबारक हजरत-वाइज को ख्वाहिश बागे-रिजवाँ की।

... ...

सुनाएँ गम की किसे कहानी हमें तो अपने सता रहे हैं,
हमेशा सुबहो-शाम दिल पर सितम के खंजर चला रहे हैं।

न कोई इंग्लिश न कोई जर्मन न कोई रशियन न कोई टर्की,
मिटाने वाले हैं अपने हिंदी जो आज हमको मिटा रहे हैं।

कहाँ गया कोहेनूर हीरा किधर गई हाय मेरी दौलत,
वह सब-का-सब लूट करके हमीं को डाकू बता रहे हैं।

जिसे फना वह समझ रहे हैं बका का है राज उसी में मुजमर,
नहीं मिटाए से मिट सकेंगे वह लाख हमको मिटा रहे हैं।

जो है हुकूमत वह मुद्दई है जो अपने भाई हैं, हैं वह दुश्मन,
गजब में जान अपनी आई है कजा के पहलू में जा रहे हैं।

चलो-चलो यारो रिंग थिएटर दिखाए तुमको वहाँ पे लिबरल,
जो चंद टुकड़ों पे सीमोजर के नया तमाशा दिखा रहे हैं।

खमोश हसरत खमोश हसरत अगर है जज्बा वतन का दिल में,
सजा को पहुँचेंगे अपनी बेशक जो आज हमको फँसा रहे हैं।

वह असीरे-दामे-बला हूँ मैं जिसे साँस तक भी न आ सके,
वह कतीले-खंजर जुल्म हूँ, जो न आँख अपनी फिरा सके।
मिरा हिंदुकुश हुआ हिंदुकुश ये हिमालिया है दिवालिया,
मेरी गंगा-जमना उतर गई हैं, बस इतनी हैं कि नहा सके।

... ...

मेरे बच्चे हैं भीख माँगते, उन्हें टुकड़ा रोटी का कौन दे,
जहाँ जावें कहें परे-परे, कोई पास तक न बिठा सके।
मेरे कोहेनूर को क्या हुआ, उसे टुकड़े-टुकड़े ही कर दिया,
उसे खाक में ही मिला दिया, नहीं ऐसा कोई कि ला सके।

... ...

वह रंग अब कहाँ है नसरीनो-नसरतन में,
उजड़ा पड़ा हुआ है क्या खाक है वतन में।

कुछ आरजू नहीं है, है आरजू तो यह है,
रख दे कोई जरा-सी खाके वतन कफन में।

ऐ पुख्ताकारे उल्फत हुशियार डिग न जाना,
मेराजे-आशिकाँ है इस दार और रसन में।

था नार-ए-अनलहक और दावा-ए-मुहब्बत,
रखा हुआ था और क्या मंसूरो-कोहकन में।

मौत और जिंदगी है दुनिया का एक तमाशा,
फरमान कृष्ण का था अर्जुन को बीच रन में।

जिसने हिला दिया है दुनिया को एक पल में,
अफसोस क्यों नहीं है वह रूह अब वतन में।

ऐ खायनीने मिल्लत ये खूब याद रखना,
हैं बोस और कन्हाई अब भी बहुत वतन में।

सैयद जुल्मपेशा आया है जब से हसरत,
हैं बुलबुले कफस में जागा जगन चमन में।

खुदाया देख ले हम कैसे ख्वार हो के चले,
तिरे ही नाम पे प्यारे निसार हो के चले।

खराबो खस्ताओ जारो-नजार हो के चले,
वतन में आह गरीबुद्दियार हो के चले।
निशानाए सितमे सदहजार हो के चले॥

जनाब माफ हो ये गुफ्तगुए बेतासीर,
मुकद्दरात में चलती नहीं कोई तदवीर।

हमारी तरह से है और भी कई दिलगीर,
फिराए देखिए हमको कहाँ-कहाँ तकदीर।
असीरे-गर्दिशे-लैलो निहार हो के चले।।

तिरे ही वास्ते आलम में हो गए बदनाम,
तिरे सिवा नहीं रखते किसी से हम कुछ काम।

तिरे ही नाम को जपते हैं हम तो सुबहो-शाम,
वतन न दें हमें तर्के-वफा का तू इलजाम।
कि आबरू पे तेरी हम निसार हो के चले॥

... ...

खयाल आता है जिस दम दिल में चुभता है सिनाँ होकर,
रहे क्यों कब्जाए अगियार में हिंदोस्ता होकर।

शहीदाने-वतन का खून एक दिन रंग लाएगा,
चमन में फूट निकलेगा यह बरगे-अर्गवाँ होकर।

फकत दारोरसन ही कामयाबी का जरिया है,
मकासिद तक यह पहुँचाएगी हमको निर्दबाँ होकर।

नहीं वाकिफ थे मादर और पिदर इस अमरेशुदनी से,
कि आफत में पड़ेंगे उनके बच्चे नौजवाँ होकर।

सता ले ऐ फलक मुझको जहाँ तक तेरा जी चाहे,
सितम परवर सितम झेलूँगा शेरे-नेसताँ होकर।

करूँ मैं इंकलाबे दहर का शिकवा मआज-अल्लाह,
है तुफ्र मुझ पर डरूँ गर जेल मैं नौजवाँ होकर।

दहलता है कलेजा दुश्मनों का देखकर हसरत,
चला करते हो जब बेड़ी पहनकर शादमाँ होकर।

... ...

नहीं अपनी हालत बताने के काबिल,
नहीं माजश ये सुनाने के काबिल।

जुबाँ तक नहीं हम हिलाने के काबिल,
बुजुर्गों का किस मुँह से हम राग गाएँ।

जब इक गुन भी उनका न अपने में पाएँ,
किसी को नहीं मुँह दिखाने के काबिल।

चमन में खिजाँ अपने इठला रही है,
कयामत गुलो-गुँचों पर आ रही है।

जमीं चर्ख बनकर सितम ढा रही है,
सुनो रोके बुलबुल ये क्या गा रही है।

कभी खार था इसका बागे-अदन को,
नजर हाय किसकी लगी इस चमन को?

... ...

शरद अपनी फुलवाड़ी पर आ रही है,
वो पल्लव लता-पुष्प पर ला रही है।

स्व-उपजों को भू भी स्वयं खा रही है,
सुनो रोके कोकिल यह क्या गा रही है।

कभी काँटा था इसका चंदन के बन को,
नजर खा गई किसकी हा? इस सुबन को?

कभी यों न उजड़ा था मसकन किसी का,
न यों जल गया होगा खिरमन किसी का।

हरदयाल आता है यूरोप से न पाल आता है,
दिल में रह-रहके बस इतना खयाल आता है।

भरने जाते हैं कहीं उम्र के पैमाने को,
हिंद को छोड़ते हैं रंजोअलम खाने को।

... ...

ये सब कुछ सही है मगर जान तन में,
शरारे हैं कुछ अपने ठंडे अगन में।

लटे भी तो हाथी लटेगा कहाँ तक,
समंदर घटे भी तो घटेगा कहाँ तक।

बहुत फर्क है मुर्दा, मुर्दा-दिलों में,
तफावत है बेजान और बिस्मिलों में।

... ...

उरुजे कामयाबी पर कभी हिंदोस्ताँ होगा,
रिहा सय्याद के हाथों से अपना आशियाँ होगा।

चखाएँगे मजा बरबादी-ए-गुलशन का गुलचीं को,
बहार आ जाएगी उस दिन जब अपना बागबाँ होगा।

जुदा मत हो मेरे पहलू से ऐ दर्दे वतन हरगिज,
न जाने बादे-मुरदन मैं कहाँ और तू कहाँ होगा।

वतन की आबरू का पास देखें कौन करता है,
सुना है आज मकतल में हमारा इम्तहाँ होगा।

ये आए दिन की छेड़ अच्छी नहीं ऐ खंजरे-कातिल?
बता कब फैसला उनके हमारे दरमियाँ होगा?

शहीदों के मजारों पर लगेंगे हर बरस मेले,
वतन पर मरनेवालों का यही बाकी निशाँ होगा।

कभी वो दिन भी आएगा जब अपना राज देखेंगे,
जब अपनी जमीं होगा जब अपना आसमाँ होगा।

जमाना बना यूँ न दुश्मन किसी का?
खिजा से लुटा यूँ न गुलशन किसी का?

रही एक बुलबुल भी जिसमें न बाकी,
फसाना जो उजड़े चमन का सुनाती?

... ...

हमें खाक में वो मिलाए हुए हैं,
जमाने के रौंदे सताए हुए हैं।

तनज्जुल के चक्कर में आए हुए हैं,
कि अपने ही घर में पराए हुए हैं।
ये सब कुछ सही है, मगर जान तन में,
शरारा है ये अपने ठंडे अगन में।

... ...

नहीं गरचे अब वे हसरत दिलों में,
वही खून बाकी है लेकिन रगों में।

जुनूँ गरचे बाकी नहीं अब सरों में,
मगर आबोगिल है वही हड्डियों में।

नहीं गरचे रौनक वे अपने चमन में,
न वो रंग-बू हैं गुले-यासमन में?

है मुद्दत से गो अपना सूरज गहन में?
मगर खूँ तो है वो भी अपने बदन में?

है अर्ज आज मादर-ए-नाशाद के हुजूर,
मायूस क्यों हैं आप आलम का है क्यों वफूर।

सदमा यह शाक आलम-ए-पीरी में है जरूर,
लेकिन न दिल से कीजिए सब्रो-करार दूर।

शायद खिजाँ जो शक्ल अयाँ हो बहार की,
कुछ मसलहत इसी में हो परवरदिगार की।

ये जाल ये फरेब ये साजिश यह शोरो-शार,
होना जो है सब उसके बहाने हैं सर बसर।

असबाब जाहिरी हैं न उन पर करो नजर,
क्या जाने क्या हो परदये कुदरत से जलवागर।

खास उसकी मसलहत कोई पहचानता नहीं,
मंजूर क्या उसे है, कोई जानता नहीं।

राहत हो रंज हो कि खुशी हो कि इंतशार,
वाजिब हर रंग में है शुकर-ए-मिर्दबार।

तुम ही नहीं हो कुश्तए नेरंगे-रोजगार,
मातमकदे में दहर के लाखों हैं सोगवार।

सख्ती सही नहीं कि उठाई कड़ी नहीं,
दुनिया में क्या किसी पे मुसीबत पड़ी नहीं।

देखे हैं इससे बढ़के जमाने के इंकलाब,
जिनसे कि बेगुनाहो उमरें हुईं खराब।

सोजे दरूँ से कलबो जिगर हो गए कबाब,
पीरी मिटी किसी की किसी का मिटा शबाब।

कुछ बन नहीं पड़ा जो नसीबे बिगड़ गए,
वे बिजलियाँ गिरीं कि भरे घर उजड़ गए।

पड़ता है जिस गरीब पे रंजो-महन का वार,
करता है इनको सब्र अता आप किर्दगार।

मायूस होके होते हैं इंसाँ गुनहगार,
यह जानते नहीं वह हैं दाना-ए-रोजगार।

इनसान उसकी राह में साबित कदम रहे,
गरदन वही है अमरीरजा में जो खम रहे।

... ...

हजार शेख ने दाढ़ी बढ़ाई सन की-सी,
वलै वह बात कहाँ मौलवी मदन की-सी।

... ...

किए थे काम हमने भी जो कुछ हमसे बन आए,
ये बातें जब की हैं आजाद थे और था शबाब अपना।

मगर अब तो जो कुछ भी है उम्मीद बस वह तुमसे है,
जहाँ तुम हो लब-ए-बाम आ चुका है आफताब अपना।

चुनिंदा अशआर

आनी थी हमको मौत सो आई वतन से दूर,
अब देखना ये है कि ये मिट्टी कहाँ की है।

... ...

बहुत ही जल्द टूटेंगी गुलामी की ये जंजीरें,
किसी दिन देखना आजाद ये हिंदोस्ताँ होगा।
जिंदगी बादे-फना तुझको मिलेगी हसरत,
तेरा जीना तेरे मरने की बदौलत होगा।

... ...

वतन हमेशा रहे शादकाम और आजाद,
हमारा क्या है अगर हम रहे रहे न रहे।

बुजदिलों को ही सदा मौत से डरते देखा,
गो कि सौ बार उन्हें रोज ही मरते देखा।

वीर को हमने नहीं मौत से डरते देखा,
तख्ताए-मौत पे भी खेल ही करते देखा।

... ...

मौत इक रोज जब आनी है तो डरना क्या है,
हम सदा खेल ही समझा किए मरना क्या है।

... ...

तंग आकर हम भी उनके जुल्म से बेबाद से,
चल दिए सूये-अदम जिंदाने फैजाबाद से।

जबकि गैरों से उन्हें इकदम की भी फुरसत नहीं,
फिर वह क्यों मिलने लगे अब हसरते नाशाद से।

बाइसे नाज जो थे अब वह फसाने न रहे,
जिन तरानों में मजा था, वह तराने न रहे।

घर छूटा बार छूटा अहले-वतन छूट गए,
माँ छूटी बाप छूटा भाई-बहन छूट गए।

... ...

अपना यह अहद सदा से कि मर जाएँगे,
नाम माता तेरे उश्शाक में कर जाएँगे।

... ...

कौन वाकिफ था कि यूँ सर पे बला आएगी,
बैठे बिठलाए हुकूमत यह गजब ढाएगी।

□

मुकदमे की सुनवाई

लगभग 18 महीने तक चलनेवाली अदालती काररवाई के बाद फैसले की घड़ी नजदीक आ गई थी। अशफाक यह बात भली-भाँति जानते थे कि अंग्रेज सरकार उनसे क्या, किसी भी क्रांतिकारी से जरा-सी भी सहानुभूति नहीं दिखाएगी और उसकी कोशिश यही रहेगी कि उन्हें कड़ी-से-कड़ी सजा मिले।

जैसे-जैसे फैसले की घड़ी नजदीक आती जा रही थी, अशफाक को अपने परिवार की याद रह-रहकर सता रही थी। उन्हें अपनी बूढ़ी माता का यह खयाल रह-रहकर सता रहा था कि उनकी सजा जानने के बाद उनका क्या हाल होगा। 18 अक्टूबर, 1927 को उन्होंने अपनी माता के नाम खत लिखा—

"जनाव वालिदा साहिबा,

बखैरियत हूँ और जनाबा की खैरियत ख्वाहा हूँ। कल फैसला सुनाया जाएगा। खुदा मुझे हिम्मत दे। ताकत, इत्मीनान दे। सुकूने कल्ब अता फरमाए। आप सबको सब्र दे। बीबी दुनिया सराय-फानी है। कौन रहा है और कौन रह जाएगा। अज आदम ताईंदम मौत व जीस्त का सिलसिला चला जा रहा है और चला जाएगा। कहाँ तक गम, कहाँ तक रंज किया जाए।

मुझे अपनी सजा का कोई गम नहीं, कोई रंज नहीं। सजा-ए-मौत या सजा-ए-कैद या कोई भी हो, मेरा ईमान है कि सब मिनजानिब अल्लाह होगी। फिर 'सरे तस्लीम खम है, जो मिजाजे यार में आए।' मगर जो दुःख है, वह तुम्हारी जईफी का है। तकलीफ है वह तुम्हारी कमजोर और काबिले रहम हालत पर। खुदा वाकिफ है कि इस इतवार की मुलाकात के बाद किसी घड़ी किसी पल तुम्हारा कमजोर चेहरा और नाउम्मीदी से भरे हुए अल्फाज

फरामोश नहीं करा सका।

खैर, जो मर्जी मौला। मेरी गुजारिश और आखिरी गुजारिश यही है कि अगर खुदा ने मुझे जिंदा बाहर निकाला, तो आपकी जईफी देखकर, जिसकी मुझे उम्मीद तो है नहीं, वैसे दुआ है कि खुदा आपको उम्रे-वूह अता फरमाए। आप अपनी तसवीर हिंगू से खिंचवा लीजिएगा। आप कुछ फिक्र न करें। वह आपका दामाद है और सामने आता है यानी सफिया का खाबिंद। कम-अज-कम बाहर आकर आपकी तसवीर से कुछ तसल्ली होगी।

आप बखूबी वाकिफ हैं कि आपको बिना देखे मैं दो रोज भी नहीं रह सकता, मगर यह मसला मजबूरी और इज्जत व जिल्लत का था। लिहाजा उन लोगों के कहने पर नहीं चला, क्योंकि जिंदगी जैसी जलील चीज के लिए दुनिया की नजरों में और आपकी नजरों में गिरकर रहने से मौत बेहतर व अफजल है। काश, खुदा एक और मौका अता करता कि आपकी खिदमत करूँ और कदमों से जुदा न होऊँ। मैं निहायत बदकिस्मत हूँ कि आपकी खिदमत करने का जब मेरा वक्त आया, तो आपके कदमों से दूर हूँ।

खैर, खुदा की यही मर्जी थी। आप भी सब्र कीजिए और मेरे लिए दुआ कीजिए। आपको जईफी में जो मुझसे दुःख पहुँचा, आप खुदारा मुझे माफ फरमाइएगा। तब मेरे दिल को तस्कीन होगी। ज्यादा क्या लिखूँ। हाँ, एक बात और है कि मेरे फैसले के बाद लोगों को ढोंग न फैलाने देना। जो बिहीख्वाह और दोस्त थे, सब मालूम हो गए। आपके खानदानवालों को भी देख लिया और अपने खानदानवालों को भी देख लिया। मेरा खानदान मेरे हकीकी भाई, मेरी भावज, बहन व बहनोई हैं और मुल्क के हिंदू और मुसलमान मेरे भाई व बुजुर्ग हैं और किसी बदमाश से वास्ता नहीं। जो मुसीबत में शरीक था, वह बहादुर और दोस्त है। बाकी सब कमीने हैं, जो आरामोआसइश के साथी और दुःख-दर्द पर अलग। मैं कसम खाकर कहता हूँ कि मैं उन सबसे नाराज हूँ। अगर बाहर निकलने का मौका मिल गया, तो उनसे कितातअल्लुक करके जानवरों से दोस्ती कर लूँगा। साँपों से प्यार करूँगा। भेड़ियों के गिरोह में बैठा रहूँगा। मगर इन अजीजों से अलग रहूँगा। फीअमानिल्लाह।

अपना फोटो जरूर खिंचवाइएगा और अगर जिंदा बाहर निकला, तो मेरे लिए वही काफी होगा। अगर वक्त बराबर आ गया है, तो खैर खुदा के

सुपुर्द किया।''

सभी क्रांतिकारियों की नजरें अदालती मुकदमे के फैसले पर टिकी हुई थीं। रामप्रसाद 'बिस्मिल' और रोशन सिंह को पहले ही फाँसी की सजा सुनाई जा चुकी थी और अशफाक के मामले में भी यह सुनिश्चित हो गया था कि उन्हें भी फाँसी से कम की सजा नहीं मिलेगी। 9 अक्टूबर, 1927 को पूरक मुकदमे में अशफाक के साथ-साथ शचींद्रनाथ बख्शी को फाँसी व काला पानी की सजा सुनाई गई। इस दृश्य का निरूपण शचींद्रनाथ बख्शी ने इस प्रकार किया—

> ''अशफाक उल्ला वैसे उम्र में मुझसे डेढ़ साल बड़े थे, लेकिन पार्टी के संगठन के ज्यादा पुराने और तजुर्बेकार कार्यकर्ता होने के नाते वे मुझे ही बड़ा मानते थे। रोज-ब-रोज होनेवाले क्रांतिकारी मामलों में वे मुझे ज्यादा प्रवीण भी समझते थे, इसलिए मुझसे हमेशा सलाह लेते थे और उसे मानते भी थे, लेकिन जिस वक्त मुझे और अशफाक को सजा सुनाई गई थी—मुझे उम्र कैद यानी काला पानी की सजा दी गई और अशफाक को फाँसी की सजा सुनाई गई, तो मुझे ऐसा लगा मानो अशफाक एकाएक मुझसे बहुत ऊँचे हो गए हैं।
>
> वैसे मैं बता चुका हूँ कि वे राजकुमार के समान ऊँचे पूरे और गठे हुए बदन के आकर्षक व्यक्ति थे, पर उस समय तो उनका व्यक्तित्व सहसा मुझे इतना बड़ा लगने लगा कि मेरी समझ में कुछ नहीं आया। मेरी आँखों से आँसू निकल आए। मैं बड़ी कठिनाई से बँगला में कह सका—'एक यात्रा में पृथक फल नहीं होना चाहिए, मुझे भी यही सजा मिलनी चाहिए।' मेरा गला रुँध गया। मुझसे कुछ और नहीं बोला गया। उस समय अशफाक उल्ला ही उलटे मुझे समझाने लगे थे। उनमें धैर्य धारण करने की अद्‌भुत शक्ति थी।''

जब मुकदमे की सुनवाई के बाद सजाएँ सुना दी गईं, तो अशफाक और शचींद्रनाथ बख्शी को जेल भेज दिया गया—अशफाक को फैजाबाद जेल, जबकि बख्शीजी को आगरा जेल।

अंग्रेज सरकार ने क्रांतिकारियों के प्रति बड़ा क्रूर व्यवहार किया। कुछ क्रांतिकारी ऐसे थे, जिन्हें कम उम्र या शारीरिक कमजोरी की वजह से कम सजा दी गई थी, लेकिन सरकार इससे संतुष्ट नहीं हुई और उसने उनकी सजा बढ़वाने में किसी भी तरह की कोई कमी नहीं छोड़ी। उसके इस व्यवहार से देशवासियों में असंतोष और क्षोभ पैदा हो गया। इस बारे में 'काकोरी के शहीद' नामक पुस्तक में वर्णन किया गया है—

"इस फैसले से प्रांत के कार्यकर्ताओं में और भी असंतोष और क्षोभ हुआ। ठाकुर मनजीत सिंह एम.एल.सी. ने कौंसिल के आगामी अधिवेशन में इस आशय का प्रस्ताव पेश करने की सूचना दी कि फाँसी की सजा पाए हुए लोगों की सजाएँ कम करके आजन्म काला पानी की सजाएँ कर दी जाएँ। फाँसी 16 सितंबर को होनेवाली थी। इसी बीच कौंसिल का अधिवेशन हो रहा था। यह आशंका थी कि कहीं ऐसा न हो कि कौंसिल में प्रस्ताव पेश करने से पहले ही इन्हें फाँसी पर टाँग दिया जाए। इसलिए ठाकुर मनजीत सिंह ने असेंबली के सदस्यों को भी एक पत्र लिखा, जिसमें सजा घटाने का उद्योग करने की प्रार्थना की और यह भी कहा कि ऐसा प्रयत्न किया जाना चाहिए कि युक्त प्रांतीय कौंसिल की आगामी बैठक तक उनकी फाँसी रुक जाए, ताकि मैं अपना प्रस्ताव कौंसिल की बैठक में पेश कर सकूँ।

एक ओर तो यह कोशिश की गई और दूसरी ओर प्रांतीय कौंसिल के मेंबरों ने गवर्नर साहब के पास एक आवेदन-पत्र भेजकर फाँसी पेश हुए अभियुक्तों पर, उनकी युवावस्था के नाम पर दया दिखाने की प्रार्थना की। गवर्नर साहब का शासन-काल समाप्त हो चुका था। वे शीघ्र ही जानेवाले थे, इसलिए मेंबरों को आशा थी कि शायद चलते-चलते इतना सलूक कर जाएँ, किंतु उनकी सब आशाएँ दुराशा मात्र साबित हुईं और गवर्नर महोदय ने दया की प्रार्थना अस्वीकार कर दी।

इसी प्रकार की एक दया-प्रार्थना असेंबली और स्टेट कौंसिल के सदस्यों ने वायसराय से भी की थी, किंतु उन्होंने भी ऐसी ही निर्दयता से उसे अस्वीकार कर दिया। हाँ, इस लिखा-पढ़ी से इतना जरूर हुआ कि फाँसी की पहली तिथि 16 सितंबर हट गई और उस दिन अभियुक्तों को फाँसी नहीं हुई। इसके बाद फाँसी देने के लिए 11 अक्टूबर की तारीख नियत की गई। अभियुक्तों ने सरकार के मनोभाव जान ही लिए थे, इसीलिए यहाँ से कुछ होता न देखकर उन्होंने प्रिवी कौंसिल में अपने मामले की अपील का विचार किया। उन्होंने अपना यह विचार सरकार पर प्रकट किया। इसलिए उन्हें अपील का मौका देने के लिए फाँसी की दूसरी तारीख भी टल गई।

अंग्रेजी सल्तनत में न्याय कितना महँगा पड़ता है, यह किसी से छिपा नहीं है। इतने ही मामले में अभियुक्त बड़ी आर्थिक हानि उठा चुके थे। घर के लोग, सगे-संबंधी सब परेशान हो गए थे। फिर भी इस आशा से कि शायद वहाँ न्याय हो, उन्होंने लंबा खर्च बर्दाश्त करके भी अपील करने का निश्चय

किया। येन-केन प्रकारेण धन का प्रबंध करके श्री पोलक महाशय को, जो इंग्लैंड में थे, मामले के कागजात सौंपे गए। वहाँ एक बैरिस्टर की मार्फत यह अपील प्रिवी कौंसिल में दायर की गई, किंतु प्रिवी कौंसिल के न्यायाधीशों ने इसे इस योग्य भी न समझा कि इसकी सुनवाई की जाए। उन्होंने उस पर विचार करना अस्वीकार कर दिया।

29 अक्टूबर को प्रिवी कौंसिल में भी काकोरी कैदियों का प्रश्न आया। पंडित गोविंदबल्लभ पंत ने सरकार को खूब आड़े हाथों लिया। बहुत देर तक प्रश्नोत्तर होते रहे, किंतु सरकार टस-से-मस न हुई।

अब सारा खेल खत्म हो चुका था। अपीलें की जा चुकी थीं, कौंसिल में प्रश्न छेड़े जा चुके थे। गवर्नर से दया प्रार्थना की जा चुकी थी, वायसराय से भी सजा घटाने की प्रार्थना की जा चुकी थी, सम्राट के पास भी प्रार्थना-पत्र भेजे जा चुके थे। जो उपाय सामर्थ्य के अंदर थे, वे सब किए जा चुके थे। सभी जगह केवल शून्य ही हाथ आया।

19 दिसंबर को अभियुक्तों को फाँसी पर लटकाना निश्चित हो गया। प्रांत-भर में बड़ी बेचैनी पैदा हो गई। 17 दिसंबर को प्रांतीय कौंसिल में पंडित गोविंदबल्लभ पंत ने फिर इस मामले को उठाया। उन्होंने प्रेसीडेंट से प्रार्थना की कि सब काम बंद करके इस पर विचार किया जाए। पहले प्रेसीडेंट महाशय इस प्रार्थना को अस्वीकार किए देते थे, किंतु तीन बजे के कुछ देर बाद ही सरकारी काम समाप्त हो जाने पर डिप्टी प्रेसीडेंट ने, जो उस समय प्रेसीडेंट का काम कर रहे थे, कौंसिल की बैठक सोमवार तक के लिए स्थगित कर दी। सोमवार को सवेरे ही फाँसी का समय था, इसलिए मेंबरों में खलबली मच गई। उन्होंने होम मेंबर नवाब साहब छतारी के दरे-दौलत तक की खाक छानी, किंतु कोई सुनवाई न हुई और प्रांतीय कौंसिल में एक शब्द कहने का मौका दिए बिना ही प्रांत के चार होनहार युवक फाँसी के तख्ते की ओर चल दिए।''

अदालत द्वारा फाँसी की सजा सुनाए जाने के बाद अशफाक ने अपने परिवार वालों के नाम एक खत लिखा—

''मेरी सोगवार माँ—भाइयो, बहनो और अजीजो, यह खत जब तुम्हारे हाथ में पहुँचेगा, तब न जाने तुम्हारा क्या हाल होगा। न मालूम उस वक्त मैं जिंदा रहूँगा या राही-ए-अदम हो चुका होऊँगा। मुझे पूरा इत्मीनान है कि

जेल के हुक्काम यह खत जरूर रवाना कर देंगे। जबकि यह मरनेवाले की आखिरी ख्वाहिश है। बहरहाल, मैं लिख रहा हूँ। अब खुदा आलिम है कि क्या हो?

खैर, आखिरी हुक्म आ गया है। अब दो-एक रोज के मेहमान हैं। इनसान की कोशिश हुक्म खुदाबंदी को नहीं टाल सकती, जिसने बिसाते आलम पर मोहरे लगाए, वह मौत के हाथों जरूर मात खाएगा। अब आदम ताईंदम कौन रहा है या कौन बाकी होगा। एक खानदान के अंदर दस-पाँच आदमी होते हैं। वक्तन फवक्तन जिसका वक्त पूरा होता जाता है, वह कूच करता जाता है। बकिया रोते-धोते हैं, जो तकाजाए मुहब्बत है। मगर इनमें से जाना हर एक को है। कोई जल्दी जाएगा कोई बदेर। जिसे आप लोग समझते हैं कि कबल-अज-वक्त मर गया, वह उम्र ही इसलिए लेकर आया था और बाकी मसलहत खुदा जानता है।

जिसे हुक्म उसकी जानिब से होता है, वह लब्बैक कहता है और चला जाता है। तुम्हारे दिलों को रंज होगा, गम करोगे, मगर खुदा के नाशुक्रे न बनना। सब्र करना और मेरे लिए मगफिरत की दुआ करना कि खुदा मुझ पर रहम करे और जवारे रहमत में जगह दे। मैं तुम्हारे लिए सब्र की दुआ करता हूँ। मौत इसी बहाने थी, सो आएगी और जो-जो लिखा है, वह भी पूरा होगा। उसके हुक्म में मजाले दमजदन नहीं। उसी की अमानत थी, उसी की जानिब वापस जाती है।

आप लोगों के साथ इतना तआल्लुक उसने पैदा कर दिया था कि वह अब रखना नहीं चाहता, तुम लोगों को क्या-क्या लिखकर समझाऊँ। मुझमें न इतनी काबलियत है, न मैं आलिमेदीन हूँ कि मजहबी बातें लिखूँ या आहादीस या आयत लिखूँ। हाँ, बस इतना जानता हूँ और इतना ही लिखना चाहता हूँ कि सब फानी है और सबको फना है। सब मरेंगे, न कोई रहा है और न कोई रहेगा। रहेगा तो वह, बस वही खुदावंदकुद्दुस ही रहेगा, जिसने दुनिया रची है। हम लोग खुदा को मानते हैं और मुत्तबए जनाबेरसूल करीम हैं। अगर दावा सही है तो बस—

है रजा उसकी तो हम पर है बहरहाल ये फर्ज,
शुक्रे हक लब पे रहे शिकवए आदा न करें।
मान लें फैसलाए दोस्त को बेचूनों चरा,

फिकरे इमरोज ही रखे गमे फरदाँ न करे।

बस, जाते खुदावंदी के सामने सरे नियाज खम कर दें और अपने को उसकी मर्जी पर छोड़ दें। रोजे जजा का वह मालिक है। इसका भी गम न करें, क्योंकि गुलाम हैं जनाबे रसूल करीम सलल्लाहु अलैहि वसल्लम के। ऐ मातम कुन्निनदिगाने अशफाक, सब्र करो और दुआ करो कि वहाँ की मुसीबत आसान हो।

बनकर मैं रजाकार मोहइयाए कजा हूँ,
आवाजे हके बाँगे दिरा मेरे लिए है।
खुशनूदिए फिरऔन के पैरों हैं यजीदी,
तकलीदे राहे करबोबला मेरे लिए है।

मेरी जिंदगी इतनी ही थी। न वह घट सकती है, न वह बढ़ सकती है। न तुम्हारा बाल-ओ-बुका ही काम आ सकता है। न आह बजारी की जिंदगी का एक लम्हा बढ़ा सकती है। हाँ, तुम्हारी दुआएँ मेरे लिए वहाँ काम आ सकती हैं। बस, सब्र करो और दुआ से याद करो। मैं नहीं जानता कि मेरी लाश तुम लोगों को दी जाएगी या नहीं। यूँ तो जब जान निकल गई, फिर मिट्टी का ढेर है। मगर फिर भी मुझे तफशीश है।

खैर, मुर्दा बदस्त जिंदा का मजमून है। जबरदस्ती जो चाहे करे। उसका हर फेल (कृत्य) दुरुस्त है। खैर, मैं अपने दिमाग को इस खयाल से परेशान नहीं करना चाहता। जो भी हो, हो। इसमें कोई शक नहीं कि मैं तख्त-ए-मौत पर खड़ा हुआ यह खत लिख रहा हूँ, मगर मैं मुतमईन व खुश हूँ कि मालिक की मर्जी इसी में थी। बड़ा खुशकिस्मत है वह इनसान जो कुर्बानेगाहे वतन पर कुर्बान हो जाए। गो कि यह फिकरा जिस स्प्रिट के साथ मैं लिख रहा हूँ, वह आप लोगों में नहीं है। यूँ आपको तकलीफ महसूस होगी। मेरी गजलियात मकान पर मौजूद होंगी। वे बहुत पहले की हैं। उन्हें पेशिनोई समझिएगा और वैसा ही होना था, जो कलम से निकला। मेरे सुकून की वजह मेरी बेगुनाही है और यकीन रखिए कि अशफाक का दामन इनसानी खून के धब्बों से पाक व साफ है।

मेरे घर में आनेवाले बच्चो और मौजूदा छोटो, तुम जब दुनिया में आओगे, मेरी कहानी सुनते पाओगे और तहरीर देखोगे। मेरी इस तहरीर

को मेरे इस दिमाग का असर न समझना। मैं बिलकुल सही दिमाग का हूँ और अक्ल ठीक काम कर रही है। मेरा मकसद महज आनेवाले बच्चों के लिए लिखना यूँ है कि वह अपने फराइज महसूस करें और मेरी याद ताजा रखें। प्यारे रजी व खलील-तुम्हारा चच्चा चंद रोज के बाद इस दुनिया में नहीं रहेगा और हमेशा-हमेशा के वास्ते तुम सबको छोड़ जाएगा। तुमसे वह कुछ नहीं चाहता और न ही कहना चाहता है। खुदा तुम्हारा मददगार रहे। तुम्हें परवान चढ़ाए। आला तालीम अता फरमाए और तुम्हें किसी काबिल बनाए। काबिलेफखरे खानदान करे।

किए थे काम हमने भी जो कुछ भी हमसे बन आए,
ये बातें जब की हैं आजाद थे और था शबाब अपना।
मगर अब तो जो कुछ भी हैं उम्मीदें बस वे तुमसे हैं,
जवाँ तुम हो लबे बाम आ चुका है आफताब अपना।

तुमको बुजुर्गों की राय पर चलना चाहिए और तालीम में तन-मन-धन लगा देना चाहिए। बेहतरीन इनसान अपने को साबित करना। मेरी बस तुमसे इतनी-सी ख्वाहिश है। मौत का खयाल रखना। वतन की मुहब्बत का मुझ पर इल्जाम लगाया गया और यूँ ही मुझे सजा-ए-मौत मिली। जब तुम इस काबिल होओगे, मेरे मुकदमे की कुल काररवाई पढ़ना। ज्यादा तुमको क्या लिखूँ। मेरी दुआएँ तुम्हारे साथ हैं।''

अशफाक को अपने वतन और वतन के लोगों से बड़ा प्रेम था। जब वे फैजाबाद जेल में थे, तो उन्होंने वहाँ से बिरादराने वतन के नाम एक संदेश लिखा—

''बिरादराने वतन की खिदमत में उनके उस भाई का सलाम पहुँचे, जो उनकी इज्जत न नामूसे वतन की खातिर फैजाबाद जेल में कुर्बान हो गया। आज जब मैं यह पैगाम बिरादराने वतन के नाम भेज रहा हूँ, इसके बाद मुझे तीन दिन और चार रातें और गुजारनी हैं और फिर मैं होऊँगा और आगोशे मादरेवतन होगा।

हम लोगों पर जो जुर्म लगाए गए थे, वे इस सूरत में पब्लिक में लाए गए कि हमें बहुत से लोग जो गैरतालीमयाफ्ता या हुकूमत के दस्तरख्वान की पसेखुर्दा (बची-खुची) हड्डियाँ चचोड़नेवाले थे, डाकू, खूनी, कातिल के लकब से पुकारते थे। मैं आज इस फाँसी की कोठरी में बैठा हुआ भी खुश

हूँ और अपने उन भाइयों का शुक्रिया अदा करता हूँ और कहूँगा—

मर मिटा आप पै कौन आपने यह भी न सुना,
आपकी जान से दूर आपसे शिकवा है मुझे।

खैर, यह तुम्हारा फैल है कि हमारी कुर्बानियों को कुबूल न करो और यह हमारा फर्ज है कि तुम बार-बार ठुकराओ, मगर हम तुम्हारा ही दम भरे जाएँगे। बिरादराने वतन, मैं उसी पाक व मुकद्दस ही की कसम खाकर कहूँगा कि हम नंगे नामूसेवतन पर कुर्बान हो गए। क्या यह शर्म की बात नहीं थी कि हम अपनी आँखों से देखते कि नित नए मुजालिम हो रहे हैं। गरीब हिंदुस्तानी हर हिस्सायेमुल्क और खित्तयेदुनिया में जलील और रुसवा हो रहे हैं और कहीं न ठिकाना है, न सहारा।

किस्सा मुख्तसर यह कि हमारा वतन भी हमारा नहीं। हम पर टैक्स की भरमार, हमारी माली हालत का रोज-बरोज गिरते जाना, 33 करोड़ बहादुर हिंदुस्तानी हिंदू और मुसलमान भेड़-बकरियों की मानिंद बनाए गए। हमारे गोरे आका हमें ठोकरें मार दें, तो बाजपुर्स न हो। जनरल डायर जलियाँवाला बाग को नमूनए हशर बना दे। हमारी माताओं की बेइज्जती करें। हमारे बूढ़ों और बच्चों पर बम के गोले, गन-मशीन की गोलियाँ बरसाएँ और हर नया दिन हमारे लिए नई मुसीबतें लेकर आए, फिर भी हम बादये गफलत रहें और एशो-इशरत में अय्यामेजवानी गुजार देते। यह खयाल करके—

जनूने हुब्बे वतन का मजा शबाब में है,
लहू में फिर यह रवानी रहे न रहे।

जो भी किया भला किया। आज हम नाकाम रहे, डाकू हैं। कामयाब होते मुहिब्बेवतन के पाक लकब से पुकारे जाते और जो भी आप हम पर झूठी गवाहियाँ दे गए, हमारे नाम के जयकारे लगाते—

बहे बहरे फना में जल्द यारब लाश बिस्मिल की,
कि भूखी मछलियाँ हैं जौहरे शमशीरे कातिल की।

आह, क्या ऐसे दौर की जिंदगी प्यारी खयाल की जा सकती है, जबकि हमारे ही गिरोह-सियासी में खलफिशार मचा है। कोई तबलीग का दिलदादा है, तो कोई शुद्धि पर मिटने को बाइसेनिजात समझ रहा है। मुझे तो रह-

रहकर इन दिमागों और अक्लों पर तरस आ रहा है, जो बेहतरीन दिमाग हैं और माहरीने सियासत है। काश, वह आजादिए मिस्र की जद्दोजहद, एहरारान मिस्र के कारनामे और ब्रितानवी सियासी चालें स्टडी कर लें और फिर हमारे हिंदुस्तान की मौजूदा हालत से मुकाबिला व मवाजना करें, क्या वही हाल इस वक्त नहीं है?

गवर्नमेंट के खुफिया एजेंट प्रोपेगंडा मजहबी बुनियाद पर फैला रहे हैं। इन लोगों का मकसद मजहब की हिफाजल या तरक्की नहीं है, बल्कि चलती गाड़ी में रोड़ा अटकाना है। मेरे पास वक्त नहीं और न मौका है कि सब कच्चा चिट्ठा खोलकर रख देता, जो मुझे अय्यामे फरारी में और उसके बाद मालूम हुआ है। यहाँ तक मुझे मालूम है कि मौलवी नियामतुल्ला कादियानी कौन था कि काबुल में संगसार किया गया था। वह ब्रिटिश एजेंट था, जिसके पास हमारे करमफरमा खान बहादुर तसद्दुक हुसैन साहब, डिप्टी सुपरिटेंडेंट सी.आई.डी. गवर्नमेंट ऑफ इंडिया पैगाम लेकर गए थे, मगर बेदारमगज हुकूमत काबुल ने इलाज जल्द कर दिया और मर्ज को फैलने न दिया।

मैं अपने हिंदू और मुसलमान भाइयों को बता देना चाहता हूँ कि सब ढोंग है, जो सी.आई.डी. के खुफिया खजाने के रुपये से रचा गया है। मैं मर रहा हूँ और वतन पर मर रहा हूँ। मेरा फर्ज है कि हर नेकोबद बात भाइयों तक पहुँचा दूँ। मानना न मानना उनका काम है। मुल्क के बड़े-बड़े लोग इससे बचे हुए नहीं हैं। पस आवाम को आँखें खोलकर इत्तबा करना चाहिए।

भाइयो! तुम्हारी खानाजंगी तुम्हारी आपस की फूट, तुम दोनों में से किसी के भी सूदमंद साबित न होगी। यह गैरमुमकिन है कि 7 करोड़ मुसलमान शुद्ध हो जाएँ और वैसे ही यह भी महमल-सी बात है कि 22 करोड़ हिंदू मुसलमान बना लिए जाएँ। हाँ, यह आसान है कि यह बस मिलकर गुलामी का तौक गले में न डाल लें।

ऐ वह कौम, जिसका कोई कौमी झंडा नहीं—ऐ वह कि तेरा वतन मेरा वतन नहीं—ऐ वह कि दूसरों की तरफ हाथ फैलाए हुए रहम की दरख्वास्त पर नजर रखनेवाली बेकस कौम तेरी अपनी गलतियों का यही नतीजा है कि आज तू गुलाम है और फिर वही गलतियाँ कर रही है कि आने वाली नस्लों के लिए धब्बा गुलामी का छोड़ जाएगी कि जो भी सरजमीने हिंद पर कदम रखेगा, गुलामी में रखेगा और गुलाम बनाएगा।

ऐ खुदावंद कुद्दुस! क्या कोई ऐसा सवेरा नहीं आएगा कि जिस सुबह

तेरा आफताब आजाद हिंदुस्तान पर चमके और फिजाए हिंद आजादी के नारों से गूँज उठे। कांग्रेसवाले हों कि सौराजिस्ट, तबलीगवाले हों या शुद्धिवाले, कम्युनिस्ट हों या रिवोल्यूशनरी, अकाली हों या बंगाली, मेरा पयाम हर फरजंदेवतन को पहुँचे। मैं हर शख्स को उसकी इज्जत व मजहब का वास्ता देता हूँ। अगर वह मजहब का कायल नहीं, तो उसके जमीर को और जिसे भी वह मानता हो, अपील करता हूँ कि इस काकोरी केस के मर जानेवाले नौजवानों पर तरस खाओ। फिर हिंदुस्तान को सन् 20 व 21 वाला हिंदुस्तान बना दो। फिर अहमदाबाद कांग्रेस जैसा इत्तिहाद इत्तिफाक का नजारा सामने हो, बल्कि उससे बढ़कर हो और मुकम्मल आजादी का जल्द-से-जल्द ऐलान करके इन गोरे आकाओं को हटा दो कि ये अब केंचुली उतार चुके हैं। अब वे किसी मंत्र से बस में न होंगे—तबलीग व शुद्धिवालो खुदाया आँखें खोलो, कहाँ थे और कहाँ पहुँच गए, अपनी-अपनी शान खत्म करो, सोचो तो मजहब में जबरदस्ती इख्तिलाफे राय पर जंग, एक काम नमुकम्मल छोड़कर दूसरी तरफ रुजू हो गए।

आज कौन ऐसा हिंदू या मुसलमान है कि जो इतनी मजहबी आजादी रखता है, जितना उसका हक है? क्या गुलाम कौम का कोई मजहब होता है? क्या तुम अपने मजहब को सुधार कर सकते हो? तुम खुदा की इबादत पुरसुकून तरीके पर करो। तुम ईश्वर का ध्यान खामोशी से करो और दोनों मिलकर इस सफेद भूत को मंत्र से जंत्र से उतार भगाओ। इसी की यह सारी काररवाई है। जब यह भूत उतर जाएगा, हमारी आँखें खुल जाएँगी।

आओ, हमारी भी सुनो, पहले हिंदुस्तान को आजाद करो, फिर कुछ और सोचना। खुदा ने जिसके लिए जो रास्ता मुंतखिब कर दिया है, वह उसी पर रहेगा। तुम किसी को भी नहीं हटा सकते। आपस में मिल-जुलकर रहो और मुत्तहिद हो जाओ, नहीं तो सारे हिंदुस्तान की बदबख्ती का वार तुम्हारी गरदन पर है और गुलामी का बारस तुम हो। कम्युनिस्ट ग्रुप से अशफाक की गुजारिश है कि तुम गैर-मुल्क की तहरीक को लेकर जब हिंदुस्तान में आए हो तुम अपने को गैर-मुल्की ही तसब्बुर करते हो, देसी चीजों से नफरत, विदेशी पोशाक और तर्जेमआशरत के दिलदादा हो, इससे काम नहीं चलेगा। अपने असली रंग में आ जाओ। देश के लिए जिओ, देश के लिए मरो। मैं तुमसे काफी तौर पर मुत्तफिक हूँ और कहूँगा कि मेरा दिल गरीब किसानों के लिए और दुखिया मजदूरों के लिए हमेशा दुखी रहा है। मैं अपने अय्यामे

फरारी में भी अकसर इनकी हालत देखकर रोता हूँ, क्योंकि मुझे इनके साथ दिन गुजारने का मौका मिला है।

मुझसे पूछो तो मैं कहूँगा कि मेरा बस हो तो मैं दुनिया की हर मुमकिन चीज इनके लिए वक्फ कर दूँ। हमारे शहरों की रौनक इनके दम से है। हमारे कारखाने उनकी वजह से आबाद और काम कर रहे हैं। हमारे पंपों से इनके हाथ ही पानी निकालते हैं। गरज कि दुनिया का हर काम इनकी वजह से हुआ करता है। गरीब किसान बरसात के मूसलाधार पानी और जेठ-बैसाख की तपती दोपहर में भी खेतों में जमा होते हैं और जंगल में मँडराते हुए हमारी खुराक का सामान पैदा करते हैं।

यह बिलकुल सच है कि वे जो पैदा करते हैं, वे जो बनाते हैं, उनमें उनका हिस्सा नहीं होता, हमेशा दुखी और मफलुकूल हाल रहते हैं। मैं इत्तिफाक करता हूँ कि इन तमाम बातों के जिम्मेदार हमारे गोरे आका और उनके एजेंट हैं। मगर इनका इलाज क्या है, जिससे उन्हें उस हालत पर ले आएँ कि वे महसूस करने लगें कि वे क्या हैं। इसका वाहिद जरिया यह है कि तुम उन जैसी वजा-किता इख्तियार करो और जेंटलमैनी छोड़कर देहात का चक्कर लगाओ। कारखानों में डेरे डालो और उनकी हालत स्टडी करो। उनमें अहसास पैदा करो। तुम कैथरीन ग्रांड मदर ऑफ रशिया की सवानेहउम्री पढ़ो और वहाँ के नौजवानों की कुर्बानियाँ देखो। तुम कालर टाई और उम्दा सूट पहनकर लीडर बन सकते हो, मगर किसानों और मजदूरों के लिए फायदेमंद साबित नहीं हो सकते। दीगर पॉलिटिकल जमाअतों से मुत्तहिद होकर काम करो और अपनी माद्दापरस्ती से किनारा करो कि यह फजूल है, जो तुम्हें दूसरी जमाअतों से अलग किए है।

मेरे दिल में तुम्हारी इज्जत है और मैं मरते हुए भी तुम्हारे सियासी मकसद से बिलकुल मुत्तफिक हूँ। मैं हिंदुस्तान की ऐसी आजादी का ख्वाहिशमंद था, जिसमें गरीब खुश और आराम से रहते। खुदा तेरे बाद वह दिन जल्द आए, जबकि छत्तरमंजिल लखनऊ में अब्दुल्ला मिस्त्री लोको वर्कशॉप और धनिया चमार, किसान भी मिस्टर खलीकउज्जमा और जगत नारायण मुल्ला व राजा साहब महमूदाबाद के सामने कुरसी पर बैठे हुए नजर पड़े।

मेरे कामरेडो! मेरे रिवोल्यूशनरी भाइयो—तुमसे मैं क्या कहूँ और तुम्हें क्या लिखूँ, बस, यह तुम्हारे लिए क्या कुछ कम मुसर्रत की बात होगी, जब सुनोगे कि तुम्हारा एक भाई हँसता हुआ फाँसी पर चढ़ गया और मरते-मरते

खुश था। मैं खूब जानता हूँ कि जो स्प्रिट तुम्हारा तबका रखता है—चूँकि मुझे भी फख्र है और अब बहुत ज्यादा फख्र है कि एक सच्चा रिवोल्यूशनरी होकर मर रहा हूँ। मेरा पयाम तुम तक पहुँचाना फर्ज था, मैं खुश हूँ—मसरूर हूँ। मैं उस सिपाही की तरह हूँ, जो फायरिंग लाइन पर हँसता चला जा रहा हो और खंदकों में बैठा हुआ गा रहा हो। तुम्हारे लिए दो शेर हसरत मोहानी साहब के लिख रहा हूँ—

जान को महबे गम बना दिल को वफा निहाद कर,
बंद ये इश्क हैं तो यूँ कता रहे मुराद कर।

ऐ कि निजाते हिंद की दिल से है तुझको आरजू,
हिम्मते सर बुलंद से यास का इंसदाद कर।

हजार दुःख क्यों न आएँ—बहरे जख्खार दरमियान में मौजें मारें—आतिशी पहाड़ क्यों न हो जाएँ, मगर ऐ आजादी के शेरो, अपना-अपना गरम खून मातृभूमि पर छिड़कते हुए जान मातृवेदी पर कुर्बान करते हुए आगे बढ़ते चले जाओ। क्या तुम खुश न होओगे, जब तुम्हें मालूम होगा कि हम हँसते हुए मर गए। मेरा वजन जरूर कम हो गया है और वह मेरे कम खाने की वजह से हो गया है, किसी डर या वहशत की वजह से नहीं हुआ है। मैं कन्हाईलाल दत्त की तरह वजन न बढ़ा सका, मगर हाँ, खुश हूँ और बहुत खुश हूँ। क्या मेरे लिए इससे बढ़कर कोई इज्जत हो सकती है कि सबसे पहला और अब्बल मुसलमान हूँ, जो आजादिए वतन की खातिर फाँसी पा रहा है—मेरे भाइयो, मेरा सलाम लो और इस नामुकम्मल को जो हमसे रह गया है, तुम पूरा करना। तुम्हारे लिए यू.पी. में मैदाने-अमल तैयार कर दिया। तुम्हारा काम जाने। इससे ज्यादा उम्दा मौका तुम्हारे हजार प्रोपेगंडे से न होता। स्कूलों और कॉलेजों के तुलबा हमारी तरफ दौड़ रहे हैं, अब बहुत अर्से तक दिक्कत न होगी—

उठो-उठो सो रहे हो नाहक पयामे बाँगे जरस तो सुन लो,
बढ़ो कि कोई बुला रहा है, निशाने मंजिल दिखा-दिखाकर।

ज्यादा क्या लिखूँ, सलाम लो और हिम्मत बाँध लो और मैदाने-सियासी लीडरो, मेरा सलाम कुबूल करो और तुम हम लोगों को उस नजर से न देखना, जिस नजर से दुश्मानाने वतन और खाइनीने कौम देखते थे। न हम डाकू थे और न कातिल—

कहाँ गया कोहिनूर हीरा, किधर गई हाय मेरी दौलत,
वह सब-का-सब लूटकर वे हमीं को डाकू बता रहे हैं।

हमीं को दिन दहाड़े लूटा, फिर हमीं डाकू हैं। हमारे भाइयों, बहनों व बच्चों को जलियाँवाला बाग में भून डाला और अब हमीं को कालस बलूट फैसले में लिखा जाता है। अगर हम ऐसे हैं तो वे कैसे हैं और किस खिताब से पुकारे जाने के काबिल हैं। उन्होंने हिंदुस्तान का सुहाग लूट लिया, जिन्होंने लाखों बहादुरों को अपनी गरज के लिए मेसोपोटामिया और फ्रांस के मैदान में सुलवा दिया। खूँखार जानवर, जालिम दरिंदे वे हैं या हम?

हम बेबस थे, कमजोर थे, सब कुछ सुन लिया और वतनी भाइयो, यह सब तुमने सुनवाया। आओ, फिर मुत्तहिद हो जाओ, फिर मैदाने-अमल में कूद पड़ो और मुकम्मल आजादी का ऐलान कर दो। अच्छा, अब मैं रुखसत होता हूँ और हमेशा के लिए खैरबाद कहता हूँ। खुदा तुम्हारे साथ हो और फिजाए हिंद पर आजादी का झंडा जल्द लहराए। मेरे पास न वह ताकत है कि हिमालय की चोटी पर पहुँचकर एक ऐसी आवाज निकालूँ, जो हर शख्श को बेदार कर दे और न वह असबाब है कि जिससे फिर तुम्हारे दिल मुश्ताइल कर दूँ कि मैं चंद सुतूर के बाद रुखसत होता हूँ।

बाद में मैं अपने उन भाइयों से रुखसत शुक्रिए के साथ होता हूँ, जिन्होंने हमारी मदद जाहिर तौर पर की या पोशीदा और यकीन दिलाऊँगा कि अशफाक आखिरी दम तक सच्चा रहा और खुशी-खुशी मर गया और ख्यानते वतनी का उस पर कोई नहीं लगाया जा सकता। वतनी भाइयों से गुजारिश है कि मेरे बाद मेरे भाइयों को वक्त जरूरत न भूलें। उनकी मदद करें और उनका खयाल करें।''

□

प्रिवी कौंसिल में अपील

तीन मुख्य क्रांतिकारियों—पंडित रामप्रसाद 'बिस्मिल', रोशन सिंह और राजेंद्रनाथ लाहिड़ी के साथ-साथ अशफ़ाक को भी फाँसी की सजा सुनाई गई थी। इन क्रांतिकारियों को यूँ फाँसी की सजा सुनाए जाने से देश-भर की जनता ने आंदोलन शुरू कर दिया। जनता क्रांतिकारियों के पक्ष में थी। उसकी माँग थी कि इन क्रांतिकारियों की फाँसी की सजा माफ कर दी जाए। अन्य क्रांतिकारियों ने भी सेशन कोर्ट में अपनी सजा कम करने के लिए अपील की थी, लेकिन अशफाक ने ऐसा करने से मना कर दिया। आखिर, जब रामप्रसाद 'बिस्मिल' ने अशफाक से आग्रह किया, तो वे अपील करने के लिए तैयार हो गए।

क्रांतिकारियों ने मिलकर अपनी सजा-ए-मौत के संबंध में चीफ कोर्ट में जो अपील की थी, उसे नकार दिया गया था। इस संबंध में रामप्रसाद 'बिस्मिल' ने लिखा—

> "सरकार की सब चालों को जानते हुए भी मैंने सब कार्य लंबी-लंबी बातों की पोल खोलने के लिए किए। काकोरी के मृत्युदंड पाए हुओं की दया-प्रार्थना न स्वीकार करने का कोई विशेष कारण सरकार के पास नहीं। सरकार ने बंगाल ऑर्डिनेंस के कैदियों के संबंध में जो कुछ कहा था, सो काकोरीवालों ने किया।
>
> मृत्युदंड को रद्द कर देने से किसी प्रकार की शांति भंग होने अथवा किसी विप्लव के हो जाने की संभावना न थी, विशेषकर जबकि देश-भर के सभी हिंदू-मुसलमान असेंबली के सदस्यों ने इसकी सिफारिश की थी।
>
> षड्यंत्रकारियों की इतनी बड़ी सिफारिश इससे पहले कभी नहीं हुई

थी, लेकिन सरकार तो अपना पासा सीधा रखना चाहती थी। उसे अपने बल पर विश्वास है। सर विलियम मेरिस ने ही स्वयं शाहजहाँपुर और इलाहाबाद के हिंदू-मुसलिम अभियुक्तों के मृत्युदंड रद्द किए हैं, जिन्हें इलाहाबाद कोर्ट ने मृत्युदंड देना ही उचित समझा था और उन लोगों के दिन-दहाड़े हत्या करने के सीधे सबूत मौजूद थे। ये सजाएँ ऐसे समय माफ की गई थीं, जब नित्य नए हिंदू-मुसलिम दंगे बढ़ते जाते थे।

यदि काकोरी षड्यंत्र के कैदियों का मृत्युदंड माफ करके दूसरी सजा देने से दूसरों का उत्साह बढ़ता, तो क्या इसी प्रकार मजहबी दंगों के संबंध में भी नहीं हो सकता था, मगर वहाँ तो मामला कुछ और ही है, जो भारतवासियों के नरम-से-नरम दल के नेताओं के भी शाही कमीशन के मुकर्रर होने और उसमें एक भी भारतवासी के न चुने जाने, पार्लियामेंट में भारत सचिव लॉर्ड बर्कनहैड के तथा अन्य मजदूर नेताओं के भाषणों से भली-भाँति समझ में आया है कि किस प्रकार भारतवर्ष को गुलामी की जंजीरों में जकड़े रहने की चालें चली जा रही हैं।

मैं प्राण त्यागते समय निराश नहीं हूँ कि हम लोगों के बलिदान व्यर्थ गए। मेरा तो विश्वास है कि हम लोगों की छिपी हुई आँखों का ही यह नतीजा है कि लॉर्ड बर्कनहैड के दिमाग में परमात्मा ने यह विचार पैदा किया कि हिंदुस्तान के हिंदू-मुसलिम झगड़ों का लाभ उठाओ और भारतवर्ष की जंजीरें और कस दो।

गए थे रोजा छोड़ने, नमाज गले पड़ गई। भारतवर्ष के प्रत्येक विख्यात राजनीतिक दल ने और हिंदुओं के तो लगभग सभी तथा मुसलमानों में भी अधिकतर नेताओं ने एक स्वर से रॉयल कमीशन की नियुक्ति तथा उसके सदस्यों के विरुद्ध घोर विरोध किया है और अगली कांग्रेस (मद्रास) पर सभी राजनीतिक दलों के नेता तथा हिंदू-मुसलमान एक होने जा रहे हैं।

वायसराय ने जब काकोरी के मृत्युदंडवालों की दया-प्रार्थना अस्वीकार की थी, उसी समय मैंने श्रीयुत् मोहनलालजी को पत्र लिखा था कि हिंदुस्तानी नेताओं तथा हिंदुओं-मुसलमानों को अगली कांग्रेस पर एकत्र हो, हम लोगों की याद मनानी चाहिए।

अशफाक उल्ला खाँ को सरकार ने रामप्रसाद का दाहिना हाथ करार दिया। अशफाक उल्ला कट्टर मुसलमान होकर पक्के आर्यसमाजी रामप्रसाद के, क्रांतिकारी दल के संबंध में, यदि दाहिना हाथ बन गए, तो क्या भारतवर्ष

की स्वतंत्रता के नाम पर हर हिंदू-मुसलमान अपने निजी छोटे-छोटे फायदों का खयाल न करके आपस में एक नहीं हो सकते?

परमात्मा ने मेरी पुकार सुन ली और मेरी इच्छा पूरी होती दिखाई देती है। मैं तो अपना कार्य कर चुका हूँ। मैंने मुसलमानों में से एक नवयुवक निकालकर भारतवासियों को दिखा दिया, जो सब परीक्षाओं में उत्तीर्ण हुआ। अब किसी को यह कहने का साहस न होना चाहिए कि मुसलमानों पर विश्वास नहीं करना चाहिए। पहला तजुर्बा था, जो पूरे तौर से कामयाब हुआ।

अब देशवासियों से यही प्रार्थना है कि यदि वे हम लोगों के फाँसी पर चढ़ने से जरा भी दुखित हों, तो उन्हें यही शिक्षा लेनी चाहिए कि हिंदू-मुसलिम तथा राजनीतिक दल एक होकर कांग्रेस को अपना प्रतिनिधि मानें। जो कांग्रेस तय करे, उसे सब पूरे तौर से मानें और उस पर अमल करें। ऐसा करने के बाद वह दिन बहुत दूर नहीं होगा, जब अंग्रेजी सरकार को भारतवासियों की माँग के आगे सिर झुकाना पड़े। यदि ऐसा हो सका, तो स्वराज्य दूर नहीं, क्योंकि फिर तो भारतवासियों को काम करने का पूरा मौका मिल जाएगा। हिंदू-मुसलिम एकता ही हम लोगों की यादगार तथा अंतिम इच्छा है चाहे वह कितनी ही कठिनाई से क्यों न प्राप्त हो।

मैं जो कह रहा हूँ, वही अशफाक उल्ला खाँ वारसी का भी मत है।

अपील के समय हम दोनों लखनऊ जेल में फाँसी की कोठरियों में आमने-सामने कई दिन तक रहे थे। आपस में हर तरह की बातें हुई थीं। गिरफ्तारी के बाद से हम लोगों की सजा बढ़ने तक श्री अशफाक उल्ला खाँ की उत्कट इच्छा यही थी कि वे एक बार मुझसे मिल लेते, जो परमात्मा ने पूरी कर दी।

श्री अशफाक उल्ला खाँ तो अंग्रेजी सरकार से दया-प्रार्थना के लिए भी राजी न थे। उनका तो अटल विश्वास यही था कि खुदाबंद करीम के अलावा किसी दूसरे से दया-प्रार्थना नहीं करनी चाहिए, परंतु मेरे विशेष आग्रह से उन्होंने सरकार से दया-प्रार्थना की थी। इसका दोषी मैं ही हूँ, जो मैंने अपने प्रेम के पवित्र अधिकार का उपयोग करके अशफाक उल्ला खाँ को उनके दृढ़ निश्चय से विचलित किया।

मैंने एक पत्र द्वारा अपनी भूल स्वीकार करके भ्रातृ-द्वितीया के अवसर पर गोरखपुर जेल से श्री अशफाक उल्ला खाँ को पत्र लिखकर क्षमा-प्रार्थना की थी। परमात्मा जाने कि वह पत्र उनके हाथों तक पहुँचा भी या नहीं।

खैर, परमात्मा की यह इच्छा थी कि हम दोनों को फाँसी हो जाए, भारतवासियों के जले हुए दिलों पर नमक पड़े, वे बिलबिला उठें और हमारी आत्माएँ उनके कार्यों को देखकर सुखी हों। जब हम नवीन शरीर धारण करके देश-सेवा में योगदान के लिए उद्यत हों, उस समय भारतवर्ष की राजनीतिक स्थिति पूर्ण सुधरी हुई हो। जन साधारण का अधिक भाग सुरक्षित हो जाए। ग्रामीण लोग भी अपने कर्तव्यों को समझने लगें।

प्रिवी कौंसिल में अपील भिजवाकर मैंने जो व्यर्थ का अपव्यय करवाया, उसका भी एक विशेष अर्थ था। सब अपीलों का तात्पर्य यह था कि मृत्युदंड उपयुक्त नहीं, क्योंकि न जाने किसकी गोली से आदमी मारा गया। अगर डकैती डालने की जिम्मेदारी के खयाल से मृत्युदंड दिया गया, तो चीफ कोर्ट में फैसले के अनुसार भी मैं ही डकैतियों का जिम्मेदार तथा नेता था और प्रांत का नेता भी मैं ही था। अतः मृत्युदंड तो अकेले मुझे ही मिलना चाहिए था, अन्य तीन को फाँसी नहीं देनी चाहिए। इसके अतिरिक्त दूसरी सजाएँ बेकार होतीं।

पर ऐसा क्यों होने लगा? मैं विलायती न्यायालय की भी परीक्षा करके स्वदेशवासियों के लिए उदाहरण छोड़ना चाहता था कि यदि कोई राजनीतिक अभियोग चले, तो वे कभी भूल करके भी किसी अंग्रेजी अदालत का विश्वास न करें। तबीयत आए तो जोरदार बयान दें, अन्यथा मेरी तो यही राय है कि अंग्रेजी अदालत के सामने न तो कोई बयान दें और न कोई सफाई पेश करें।

देशवासी काकोरी षड्यंत्र के अभियोग से शिक्षा प्राप्त कर लें। इस अभियोग में सब प्रकार के उदाहरण मौजूद हैं। प्रिवी कौंसिल में अपील दाखिल करने का एक विशेष अर्थ यह भी था कि मैं कुछ समय तक फाँसी की तारीख टलवाकर परीक्षा करना चाहता था कि नवयुवकों में कितना दम है और देशवासी कितनी सहायता दे सकते हैं।

इनमें मुझे बड़ी निराशापूर्ण सफलता मिली। अंत में मैंने निश्चय किया कि यदि हो सके, तो जेल से निकल भागूँ, ऐसा होने पर सरकार को अन्य तीन फाँसीवालों की सजा माफ कर देनी पड़ेगी। यदि न करते तो मैं करा लेता। मैंने जेल से भागने के अनेक प्रयत्न किए, किंतु बाहर से कोई सहायता न मिल सकी।

यह तो हृदय पर आघात लगता है कि जिस देश में मैंने इतना बड़ा क्रांतिकारी आंदोलन और षड्यंत्रकारी दल खड़ा किया था, वहाँ से मुझे

प्राण-रक्षा के लिए रिवॉल्वर तक न मिल सका। एक नवयुवक भी सहायता के लिए न आ सका। अंत में फाँसी पा रहा हूँ।

फाँसी पाने का मुझे कोई शौक नहीं, क्योंकि मैं इस नतीजे पर पहुँचा हूँ कि परमात्मा को यही मंजूर था, मगर मैं फिर भी नवयुवकों से नम्र निवेदन करता हूँ कि जब तक भारतवासियों की अधिक जनसंख्या सुरक्षित न हो जाए, तब तक वे भूलकर भी किसी प्रकार के क्रांतिकारी षड्यंत्रों में भाग न लें। यदि देश-सेवा की इच्छा हो तो खुले आंदोलन द्वारा यथाशक्ति कार्य करें, अन्यथा बलिदान उपयोगी न होगा।''

प्रिवी कौंसिल में क्रांतिकारियों ने अपनी सजा-ए-मौत के बारे में जो अपील की थी, उसे ठुकरा दिया गया था। हालाँकि अपील के बारे में अशफाक का मानना था कि यह जिंदगी खुदा का करम है और उसके सिवा किसी और के सामने दुहाई देना बेमानी है। इससे पता चलता है कि अशफाक बड़े खुद्दार व्यक्ति थे। उन्हें इस बात का गम नहीं था कि जल्दी ही वे फाँसी के तख्ते पर झूलनेवाले हैं, बल्कि गम इस बात का था कि उन्हें इस हालत का शिकार उस इनसान की वजह से होना पड़ा था, जिस पर वे बेइंतहा यकीन किया करते थे।

□

स्वतंत्रता की बलिवेदी पर

समय का पहिया अपनी निर्बाध गति से घूम रहा था और उसी गति से घूम रहे थे दिन और रात भी। अत्याचारी सरकार ने अशफाक की फाँसी के लिए 19 दिसंबर, 1927 का दिन निर्धारित किया था। उन्हें मालूम था कि अब उनके पास ज्यादा वक्त नहीं रह गया है, इसलिए 15 दिसंबर, 1927 को उन्होंने अपनी माँ के नाम आखिरी खत लिखा—

"दुखिया और बूढ़ी माँ की खिदमत में उसके मरते हुए फरजंद का सलाम पहुँचे, जो इसी हफ्ते में इस फानी दुनिया को अलविदा कहकर उस मुल्के जावेदाँ को जा बताएगा, जहाँ इससे पहले भी सब जा चुके हैं और हर रूह इसके बाद भी जाएगी—

फना है सबके लिए हमपे कुछ नहीं मौकूफ,
बका है एक फकत जाते किब्रिया के लिए।

आप भी बखूबी वाकिफ हैं और तालीमयाफ्ता हैं, मगर यह जरूर है कि बूढ़ी सिनरसीदा दुखिया माँ के लिए यह सदमा जरूर बड़ा है और उनका जवान बेटा नामुराद इस दुनिया से उठ जाए और वह उसकी लाश पर दो आँसू भी न डाल सके या उसकी मरी हुई सूरत देख सके, मगर यह तो बताओ कि यह हुक्म किसका है? क्या दुनिया के किसी इनसान का हुक्म है? क्या कोई मुझे उसके हुक्म के बिना मार सकता है? उसने रोजेअजल से ऐसा ही लिखा था कि अशफाक तुझे फाँसी पर मरना है और जब तू मरेगा तो कोई तेरे पास तेरे आइज्जा व अकरुवा (रिश्तेदार) व अहबाब में से न होगा। पस हुक्म

खुदावंदी पूरा होकर रहेगा और ऐसा ही होता चला आया है।

मैं यह लिख देना चाहता हूँ कि मैं बइत्मीनान और पुरसुकून मौत मर रहा हूँ। हुक्मे खुदा ऐसा ही था। वह अटल है और होकर रहेगा। मौत सबके लिए है और सब मरेंगे। दुनियावी तकलीफ, माद्दी बंदिशें, इनसानी कयूदात सब पीर के रोज तक खत्म हो जाएँगी और मेरी रूह इस कफसे-अंसरी से आजाद हो जाएगी।

अब दूसरी मंजिल सामने है, देखिए वहाँ कैसी गुजरे। यह उसकी बख्शीश-व-करम पर मुनहसिर है। सफर दरपेश है, जायेराह (रास्ते का सामान) पास नहीं। बस, उसी की उम्मीदे करम पर खुश-खुश मर रहा हूँ। मैं तो आप सबको अलविदा कहता हुआ और ख़सूसन आपको और बकिया जिंदगी में वक्फे-नौहा व बुका करके उस तरफ जा रहा हूँ, जहाँ से आया था और फिर वापस जाने का वादा था। वादा पूरा करना है।

आप सबके सामने राहे-अमल क्या है? मैंने तो बुरा किया या अच्छा। मैं इकरार करता हूँ कि मेरी जिंदगी की इतनी बरसें गुमराही, मासियत, सियाकारी और गुनाहों में गुजरीं, उसके लिए मेरे दोस्त, मेरे अजीज, मेरे भाई और मुख्तसिर यह कि हर हमदर्द मुसलमान दुआ-ए-मगफिरत करे और आप सब लोग सब्र कीजिए। सब्र तल्खअस्त व लेकिन बरे शीरीं दारद (फल मीठा)—मुझे डर है कि आप घबरा न उठें और यह न कह उठें कि जिसकी जवान औलाद मर जाए, वह कैसे सब्र करे, तो सुनिए, मेरी प्यारी माँ, खुदा ने मुझे आपके शिकम से पैदा किया था। मेरी पैदाइश पर खुशियाँ मनाई गई थीं। शुकराने अदा किए गए थे और किस्सा मुख्तसर यह कि मुझे आँखों का नूर और दिल का सुरूर समझा जाता था। आपने इस सिले में खुदा को क्या दिया कि उसने आपको एक इनसान की शक्ल में औलाद दी। आपसे जो भी पूछता था तो आप यही कहती थीं कि खुदा का बंदा है, खुदा ने दिया है। उसी की अमानत है और मैं तो अमानतदार हूँ।

पस अब मालिक अपने गुलाम को तलब करता है। अमानत रखनेवाला अपनी अमानत तलब करता है। आप खयानत न करें। न आपकी चीज थी और न आपसे छीनी गई थी। इतने दिन के वास्ते आपको दी गई थी कि रखो, बाद में हम वापस ले लेंगे। अब वापस लिया जा रहा हूँ, फिर आपको क्या हक है कि रद्दोकद करें। क्या आपने हमेशा से यह सोचा था कि मुझे कभी मौत नहीं आएगी?

अरे, तुम भी जानती थीं और मुझे भी मालूम था कि हम-तुम सब मरेंगे। कोई आगे तो कोई पीछे। या तो मुझे रोना पड़ता तुम्हारे लिए, या तुम्हें मेरे लिए। उसकी यह मंशा थी कि बूढ़ी माँ जवान औलाद के लिए रोएगी और बकिया तीन भाई अपने छोटे भाई का मातम करेंगे। तो क्या कोई आज इस दुनिया में इतनी ताकतवाला है कि खुदाबंद के अहकाम को पलट दे? कोई नहीं, अपने ही खानदान में कितनी ऐसी माएँ हैं, जो बुढ़ापे में जवान औलाद का दाग़ खाए बैठी हैं और कितने ही ऐसे भाई हैं, जो अपनी आँखें अपने भाई के लिए सुर्ख कर चुके हैं और कितनी ही बहनें, भावजें, भतीजियाँ, भतीजे, भानजे और भानजियाँ हैं, जो अपने भाई, चचा, देवर और मामू के लिए सीनाकोबी कर चुके हैं।

दुनिया का यही धंधा है। दुनिया नाम ही उसका है। अगर मरना न हो तो जिंदगी का फायदा ही क्या था? अगर रात न हो तो दिन में लज्जत ही क्या? अगर गम न हो तो शादी-ब-मंजिले गम है। गरज कि दुनिया एक माजूने मुरक्कब है, जिसमें सब जायके हैं। ऐशोमसर्रत, गमो अंदोह, आराम व तकलीफ, गफलत व बेदारी, नेकी व बदी, मौत व जीस्त गरज कि हर चीज यहाँ मिलेगी। पस खुशकिस्मत वह है, जिसने अच्छी बातें कबूल कीं और बुराइयों से परहेज किया। गफलत पर होशियारी को तरजीह दी और माबूदे हकीकी की याद में लगा और होशियार रहा अपने फराइज की अदायगी में।

नेकी कबूल की और बदी ठुकराई। अब आराम की खातिर तकलीफ बर्दाश्त की और इबादत में मसरूफ रहा, मौत को पेशे-नजर रखा और जीस्त ही में सामाने आखिरत जमा कर लिया। ऐश व रशरत में पड़कर गफलत नहीं की और पेश आनेवाले गम व अंदोह का खटका महसूस करता रहा, पर जिसने ये बातें अख्तियार कीं और हर मुसीबत, तकलीफ व आराम और राहत को मिनजा-निबअल्लाह तसव्वुर किया और उसकी नियामतों का शुक्रिया अदा किया। मसाइज व तकलीफ पर सब्र किया और कहा कि यह सब मिनजानिबअल्लाह हैं।

दोस्त का दिया हुआ जहरेहलाहल भी शहद मुसफ्फा खयाल किया और सब्र किया। शुक्र किया। पस राजी कर लिया उसे जो कोनैन का मालिक और मशरिक व मगरिब का रब है। क्या तुम इसके ख्वाहिशमंद नहीं हो कि खुदा तुम्हें पैदा करनेवाला है और जिसके सामने तुम्हें जाना है, तुम्हें अपना

दोस्त कहकर पुकारे?

अरे, दुनिया उसकी मुतमन्नी है और वह हमें अपना दोस्त कहे। आज मौत के सामने बैठा हुआ अशफाक कुछ ख्वाहिश नहीं रखता, मगर हाँ, वह कह दे कि अशफाक मैं तुझसे राजी हूँ और तू मेरा बंदा है। मैंने बंदगी में कबूल किया। वह कहता है, ऐ ईमानवालो, बेशक अल्लाह सब्र करनेवालों के साथ है। दूसरी जगह फरमाता है यानी खुशखबरी सुना दो। उन सब्र करनेवालों को कि जब उन्हें कोई मुसीबत पहुँचती है, तो कहते हैं कि बेशक हम अल्लाह ही के हैं और बेशक हम उसकी तरफ लौटनेवाले हैं। फिर फरमाता है यानी यही हैं जिन पर बरकात हैं, उनके रब की तरफ से और रहमत है। यही लोग हिदायतवाले हैं। यह कौल आपको जनाबे बारी के लिख दिए। अब समझना, न समझना आपका काम है।

आपका सब्र व शुक्र आपको उसके दरबार में मकबूल व मुकर्रब करेगा और अगर खुदा न ख्वास्ता आप हद से आगे बढ़ गईं, तो आप खुद समझदार और पढ़ी-लिखी हैं। आपका नाल-ओ-शेवप, आहवजारी, सीनाकोबी मुझे जिंदा नहीं कर सकती, न मौत से बचा सकती है। हाँ, सब्र करना, कलमा व दरूद पढ़ना और बख्शना मेरे लिए कुछ सूदमंद साबित हो सकते हैं। पस मेरी अच्छी माँ, मेरी खताएँ माफ फरमाकर मशगूले-खुदा हो जाओ। उसकी मर्जी यही थी और कौन है, जो उसके हुक्म को टाल सके। मुझसे आपको दुःख पहुँचा। आपका बुढ़ापा बरबाद हो गया। आपकी जिंदगी जीक में पड़ गई, मैंने की।

हाँ, जाहिर असबाब में से मैं भी एक हूँ, मगर मौला की मर्जी और उसका हुक्म पोशीदा रहता है। समझदार मिनजा-निबअल्लाह हर बात समझते हैं और नासमझ इनसानों की तरफ खयाल दौड़ाते हैं। इससे कब्ल एक कार्ड फैसले के मुतअल्लिक मिला होगा। कैसे मजे की बात है कि मैं अपनी कलम से अपनी मौत की खबर आपको भेज रहा हूँ। मैंने एक किताब लिखनी शुरू की थी, लेकिन वह तकमील को न पहुँच सकी। खैर, मालिक की मर्जी ही न थी, जिसमें मेरा मकसद बच्चों के लिए नसीहत करना था। खैर, उनके लिए जो मैदाने-अमल है और जो सामने आए, उस पर गामजन हों।

मुझे जो लिखना है थोड़ा-थोड़ा सब लिख दूँगा, क्योंकि वक्त मेरे पास मजमून निगारी और कलम फरसाई का नहीं है। मुख्तसर-मुख्तसर सबको लिख दूँगा। सब अपना-अपना मतलब निकाल लें। मुझे तो सबसे जरूरी

आपको लिखना था और यूँ तो ये मजमून वाहिद तसब्बुर किया जाए। सभी से सब्र की गुजारिश है और सब्र ही खुशी की कुंजी है। मुझे बुबू की परेशानियों का भी इल्म है और आप सबकी कोफ्त में ऐसे वक्त में इजाफा नए गम का है। मगर क्या मौला की मर्जी टाली जा सकती है? नहीं, हरगिज नहीं, वह हर सूरत से आजमाइश कर रहा है। तुम सब्र को हाथ से न जाने दो। जो दोस्त की तरफ से खुशी व गम मिले मुसकुराते हुए चेहरे और मुतमईन दिल के साथ कुबूल करो कि फलाहे दीनी व दुनियावी हासिल कर सको।

मैं कोशिश करूँगा कि यह खत तुम्हें मेरी मौत से पहले ही मिल जाए, ताकि तुम्हारे दुःख में कमी हो जाए और तुम सोच सको कि मरनेवाला क्या बात है कि मरते हुए भी मुतमईन व खुश है—फना है सबके लिए हमपे कुछ नहीं मौकूफ, बका है एक फकत जाते क्रिब्रिया के लिए। आदम अलैहिस्सलाम से लेकर इस वक्त तक कौन ऐसा है, जो मरा न हो, जिसने बसाते-आलम पर जिंदगी के मोहरे बसाए और मौत के सामने जरूर मात खाई। बस, उसका गम बेकार है और आनेवाली और जरूर आनेवाली बात के लिए परेशान होना सरासर गलती है।

अब रहा मुहब्बत, डाह, मोह, प्रेम—ये सब दुनियावी धंधे हैं। खुदा से मुहब्बत करो। उसे पूजो, जो हमेशा जिंदा व कायम रहेगा। तुम्हें अपनी बकिया जिंदगी में कभी भी उसके लिए रोना नहीं पड़ेगा। बस, उसी से मुहब्बत करो और उसी को समझो। अक्ली-दलाइल, मजहबी-मसाइल, फलसफियाना बहस दुखे हुए दिल पर नमक-मिर्च का काम क़रते हैं।

मैं खूब जानता हूँ कि आप सोचेंगी कि मैंने अपनी करतूतों से आपका बुढ़ापा खराब किया और भाइयों और दीगर अइज्जा की जिंदगी दुःख की जिंदगी बना दी। मैंने क्या किया? मैंने कुछ नहीं किया। उसका हुक्म रोजेअजल से ऐसा ही था, सो होकर रहा। जो बात होनेवाली होती है, असबाब उसके पेश्तर से होना शुरू होते हैं और असबाब जब पाय-ए-तकमील को पहुँच जाते हैं, बात पूरी हो जाती है। बस, मेरे लिए यह मौत और यह दिन था सो मुझे मिला और तुम्हारे लिए दुःख, बुढ़ापे का धक्का और सीनाकोबी लिखी थी, वह तुम्हें मिल रही है। जो जिसके लिए उसने मुनासिब समझा, वह उसे तक्सीम कर दिया। बस कौन है, जो शिकवा करे और लब शिकायत के वास्ते खोले—

हम रजाकार हैं हम पर है बहरहाल यह फर्ज,
शुक्रे हक लब पे रहे शिकवाए आदा न करे।

मान लें फैसलाए दोस्त को बेचूनोचरा,
फिक्रे इमरोज ही रखें, गमे फर्दा न करे।

तुम सबको गम उठाने के लिए इंतखाब किया और मुझे मंसूरे वक्त बनाने के लिए चुन लिया। अगर तुमको गिरियाए याकूब अता किया, तो मुझे सुनते यूसफी अदा करने के लिए पुकारा। अगर तुम्हें मातम कुनां मिस्ल खानदाने नबवी बनाना चाहा, बना दिया और मुझे मुत्तबए हुसैन शहीदे तेगेजफा के खिताब से नवाजा।

उसकी शान निराली। उसकी अदा अनोखी, हर जगह नए रंग में हर तरफ नए रूप में जलवागर है। जो कुछ हुआ और जो होगा और हो रहा है, उसकी मर्जी से हो रहा है और होगा। बस, कौन है जो सरताबी करे और कौन है जो उसके हुक्म से बाहर जा सके? बस, उसी पर नजर रखो और सब्र व करार हाथ से न जाने दो। शुक्र करो उसकी अमानत उसकी तरफ जा रही है और सानआ अपने मसनूअ को बिगाड़ना चाहता है। फिर तुम कौन रोनेवाली, तुम कौन तड़पनेवाली? उसकी चीज थी, उसको अख्तियार है।

सब्र करो, सब्र करो और बकिया जिंदगी का वेश-बहा मेरे लिए रोने में न सर्फ करो, बल्कि उस सफर की तैयारी में लगाओ जो एक दिन दरपेश है। इबादत में मगफिरत है। गुनाहों में वक्त न गुजार दो, क्योंकि यही काम आएगा। गफलत छोड़ो और उसको पकड़ो। दुनिया फना होनेवाली है और तुम्हारा भी बुढ़ापा है। अच्छा मेरी खताएँ माफ करो और मुझे अपने हकूक से सुबुकदोश करो। तुम्हें खुदा की अमान में दिया। तुम्हें नेक बीवी और साबिरा बीवी बनाए। आमीन!

भावजो और भाइयो! अलफराक बीनी व बीनकुम—तुम आपस में मिल-जुल कर रहना और दुखिया व बदकिस्मत माँ की खिदमत में लगी रहना और बकिया जिंदगी को सुकून से गुजारने का मौका देना। अगर तुम लोग ऐसे ही आपस में शिकवा व शिकायत करते रहे और शकरंजी तुम्हारे दरमियान रही, तो कुछ लुत्फ नहीं। शीरोशकर बनकर रहना और जुदा न होना। मेरी तो यही ख्वाहिश है कि मुझे माफी देना। खुदा की मर्जी यही थी।

भाइयो, तुमने इंतहाई कोशिश की, मगर मौत व खुदा का हुक्म टाले नहीं टलता और पूरा होकर रहेगा। तुम भी मजबूर हो रहे। सब्र-शुक्र करो। खुदा की मर्जी ही यह है। मैं बताए देता हूँ कि मैं एक पुरसकून मौत मर रहा हूँ। मैं नहीं कह सकता कि कौन खयाल मुझे मस्त व खुश बनाए हुए है। दिल अंदर से फूला चला जाता है। मुझे कतई खयाल ही नहीं गुजरता कि मुझे फाँसी दी जाएगी। मरेंगे तो सभी, मैं ही नहीं मर रहा हूँ। तुम खुदा पर नजर रखो और बजाय रोने-धोने के मेरे ईसाले सवाब में लगे रहना कि वहाँ काम आए। अब ज्यादा क्या लिखूँ? खुदा तुम सबको सब्रे जमील अता फरमाए और मुझ गुनाहगार को जवारे रहमत में जगह दे।''

आखिर वह काला दिन आ ही गया, जिस दिन अशफाक की फाँसी मुकर्रर की गई थी। उन्होंने रोज की तरह नमाज पढ़ने के बाद थोड़ी देर कुरान-ए-पाक की तिलावत (पढ़ी) की। वह दिन 19 दिसंबर, 1927 का दिन था, स्वतंत्रता की बलिवेदी पर झूलने के लिए अशफाक आतुर थे। उनके चेहरे पर मौत के खौफ के जरा भी भाव न थे, बल्कि एक हलकी व खूबसूरत-सी मुसकान उनके होंठों पर उभर आई थी। धीरे-धीरे खुदा का नाम लेते हुए उन्होंने फाँसी के तख्ते की ओर कदम बढ़ाए।

वे जब फाँसी के तख्ते पर पहुँचे, तो उन्होंने फाँसी के फंदे को बड़ी शान से चूमा और फिर अपने गले में डाल दिया। अगले ही पल अपने मुल्क की आजादी की खातिर मर मिटनेवाला महान् क्रांतिकारी अशफाक स्वतंत्रता की बलिदेवी पर शहीद हो गया।

फाँसी से पहले अशफाक ने कुछ शब्दों का जाल बुना था, जो इस प्रकार है—

''भारत माता के रंगमंच पर अब हम अपना पार्ट अदा कर चुके हैं। हमने गलत-सही जो कुछ किया, वह स्वतंत्रता प्राप्ति की भावना से किया। हमारे इस काम की कोई प्रशंसा करेगा, तो कोई निंदा, किंतु हमारे साहस और वीरता की प्रशंसा हमारे दुश्मनों तक को करनी पड़ी है। क्रांतिकारी बड़े वीर योद्धा और बड़े अच्छे वेदांती होते हैं। वे सदैव अपने देश की भलाई सोचा करते हैं।

लोग कहते हैं कि हम देश को भयत्रस्त करते हैं, किंतु बात ऐसी नहीं है। इतनी लंबी मियाद तक हमारा मुकदमा चला, मगर हमने किसी एक गवाह तक को भयग्रस्त करने की चेष्टा नहीं की, न किसी मुखबिर को गोली

मारी। हम चाहते तो किसी गवाह, किसी खुफिया पुलिस अधिकारी या किसी ऐसे अन्य आदमी को मार सकते थे, किंतु यह हमारा उद्‌देश्य न था। हम तो कन्हाईलाल दत्त, खुदीराम बोस और गोपी मोहन साहा आदि की स्मृति में फाँसी पर चढ़ जाना चाहते थे।

जजों ने हमें निर्दय, बर्बर, मानव-कलंक आदि विशेषणों से याद किया है, किंतु हम पूछते हैं कि क्या इन जजों ने जलियाँवाला बाग में गोली चलाते देखा या सुना? क्या उसने निरस्त्र भारतीयों—स्त्री, पुरुष, बाल, वृद्ध सब पर गोलियाँ नहीं चलाई थीं? कितने जजों ने उसे इन विशेषणों से विभूषित किया, फिर क्या यह मजाक हमारे ही साथ उड़ाने के लिए है?

भारतीय भाइयो, आप कोई हों, चाहे जिस धर्म या संप्रदाय के अनुयायी हों, परंतु आप देशहित में एक होकर योग दीजिए। आप लोग व्यर्थ में लड़-झगड़ रहे हैं। सब धर्म एक हैं, रास्ते चाहे भिन्न-भिन्न हों, परंतु लक्ष्य सबका एक ही है। फिर यह झगड़ा-बखेड़ा क्यों? हम मरनेवाले काकोरी के अभियुक्तों के लिए आप लोग एक हो जाइए और सब मिलकर नौकरशाही का मुकाबला कीजिए। यह सोचकर कि सात करोड़ मुसलमान भारतवासियों में मैं सबसे पहला मुसलमान हूँ, जो भारतमाता की स्वतंत्रता के लिए फाँसी पर चढ़ रहा हूँ। मैं मन-ही-मन अभिमान का अनुभव कर रहा हूँ, किंतु मैं यह विश्वास दिलाना चाहता हूँ कि मैं हत्यारा नहीं हूँ, जैसाकि मुझे साबित किया गया।

अब मैं विदा होता हूँ। ईश्वर आप सबका भला करे। इस अवसर पर ऐनुद्‌दीन मजिस्ट्रेट, श्री खैरात अली पब्लिक प्रॉसीक्यूटर, सी.आई.डी. के अधिकारी खासकर खान बहादुर तसद्‌दुक हुसैन साहब तथा अन्य गवाहों को धन्यवाद देना अनुचित न होगा, क्योंकि इन्हीं की कृपा से हमें यह मान-मर्यादा प्राप्त हुई। मेरे परिवार में आज तक देश-सेवा के लिए कोई त्याग न हुआ था। अब यह कलंक छूट जाएगा। अंत में अपने साथी अभियुक्तों, मुखबिरों और इकबाली मुलजिमों से भी वंदे करता हूँ।

सबको आखिरी सलाम। भारतवर्ष सुखी हो, मेरे भाई आनंद-लाभ करें।''

अशफाक वतन को आजाद कराने की कोशिशों के चलते शहीद हो गए, लेकिन हमारे बीच संदेश छोड़ गए कि अपने वतन की खातिर मर मिटनेवाले

शहीद-ए-वतन कभी मरा नहीं करते, बल्कि वे तो शहीदों की फेहरिस्त में शुमार होकर अमर हो जाते हैं। उनकी पाकदिली, वतनपरस्ती और वतन पर कुर्बान होने का जज्बा सदियों तक आनेवाली पीढ़ियों को प्रेरणा देता रहेगा। देश-भक्ति का उनका जुनून युवा पीढ़ी की नसों में घुलकर भारतवासियों के दिलों में आपसी प्रेम, सौहार्द्र और कर्तव्य की बलिवेदी पर बलिदान होने का मार्ग प्रशस्त करता रहेगा।

□□□